Stories of
the Little
Seeds' Classroom

种下一间教室

桃 夭 ——————————— 著

中国人民大学出版社

· 北京 ·

生命的拐弯

生活总是充满了意外。

桃天老师怎么也想不到，因为丈夫工作变化的缘故，一个星期之内，她就由一个东部的高中语文老师，"空降"到了内蒙古，成为一名小学二年级的语文老师兼班主任。

当桃天老师终于站在《射雕英雄传》中郭靖生长的这块神奇的土地上，站在这座据说是当地最高的山丘上时，虽然还没有见到草原、骆驼和蒙古包，但她分明已感受到一种异样的东西，感受到内蒙古那不同寻常的猎猎的风了。

从车上下来，走到校园中时，桃天老师恍惚间像回到了自己曾经写过的某个故事中，记得故事的结尾写道："她决定留下来，成为一个山村小学老师。"

故事中的梦想实现了。

学校是典型的农村小学，红蓝白三色楼房已被风雨冲刷得颜色不再分明。一座教学楼、一座学生的寝室楼、一座老师的公寓楼，都有些老旧了，矗立在这块荒凉的黄土地上，虽然灰暗，但还是比较醒目。据说几年前，这所学校是当地最好的建筑。也许因为内蒙古的风雪太凛冽，这当初最耀眼的建筑呈现在桃天老师面前的时候，已经变得灰蒙蒙的了。

校园地面大多用砖块铺过，有些不平整，走上去沙砾透过鞋底硌着脚，高跟鞋肯定是不能穿了。操场在教学楼的后面，远看是片黄沙地，近看上面长着稀稀落落的荒草。偶尔有一朵粉色的或者黄色的小花星星一样点缀在荒草间，远处是看不见的，待你走近时才会突然出现在你脚下。不知为什么，桃夭老师初次看到沙土中这些星星点点的小花的时候就特别感动，后来这个感觉就一直留存在了她的心中。到了这儿，她才知道，一颗种子要长成参天大树、要开出一朵花来是多么不容易。

学校的老师都非常好，大家一起动手帮他们把一件件行李扛上教师公寓楼，又帮着他们整理得差不多了才离去。

这座公寓楼，楼梯比较窄，看起来有些年代的样子。房门上有个洞，大概是当初主人把钥匙锁在里面了，用什么东西把门板砸个洞取钥匙留下来的痕迹吧。现在用铁丝在外面缠着。虽然铺了地板砖，但公寓内地面并不平整。卫生间里面，排水的地方被用水泥堵起来了，这个学校的贺校长用砖块使劲砸开了那块水泥，终于露出了一个排水管子一样的东西来。（在以后的时光中，这个排水管并没有用，洗衣机中的水，都是桃夭老师一盆一盆端着倒进去，再一盆一盆从洗衣机中舀出来倒进马桶中的。）几件前面的住户不要的厨房用具随意地摆在客厅一角那块叫"厨房"的地方。

也许是一路上太劳累了，桃夭老师对这些似乎都没有感觉了。

她习惯性地整理着新家。这些年的颠沛流离已让她每到一个新地方都波澜不惊。无论在什么样的环境中，她首先要做的就是整理出一个新家，让家人先安顿下来。

老公也在默默地帮着收拾。女儿有些好奇,兴奋地收拾着自己的小房间。可能她还在想象那些骆驼和大马,并没有意识到这次搬迁对她的影响。

晚上十点多,终于收拾得差不多了 —— 那些成捆的书先堆起来放着吧,有睡觉的地方就行。奔波劳累了一天的桃夭老师想洗个澡就睡,但看看卫生间里面,没有洗澡的设备,拧拧水龙头,一滴水都没有,一家人只好没洗漱就躺下了。

第二天,当晨光从窗外映进屋里的时候,桃夭老师赶紧起来了,一看表,才刚刚四点钟,她不知道是因为窗帘隔光不好的缘故还是真的有了时差,在她的记忆中,凌晨四点的天似乎从来没有这么亮过,那应该是她睡得正香的时候。但此刻,她却怎么也睡不着了。

她想烧点儿水喝,打开水龙头,还是没有水。

到了办公室,有老师从外面买了矿泉水回来给大家喝。桃夭老师有咽炎,不能喝凉水,只好在特别渴时抿几口。

第三天,他们终于明白,原来这里不是没有水,而是定时供水,一天三次,每次十五分钟,所以家家都准备一只大桶存水。学校也给各家安装了简易的洗澡设备,因为位置有些低,高个子洗起来有些麻烦,但对桃夭老师这种小身材来说足够了。

好了,有水喝,有地儿住,能洗澡,生活问题解决了,就该全力投入到工作中了。

由于来得匆忙,再过几天就要开学了,大家分外忙碌。

虽然"全人之美"课程研发已是几年前的事了,但是以前只是在别的学校开辟出一两个班级来试做,这次不一样,这次是要在这所学校所有班级全面实施"全人之美"课程。很多工作都要重新做,每门课程都要精心设计、全盘考虑,大家其实在来时的车上就开始忙碌了。

　　初入小学,桃夭老师有些紧张。

　　但是,人在没有任何选择的情况下也许就会滋生出从未有过的勇气,桃夭老师现在就是。她以前没有当过班主任,对小学课程也一窍不通,但还是毫不犹豫地接受了任务,马不停蹄地准备课程,热情高涨地给教室命名,亲自粉刷、设计、布置自己班的教室……当她戴着报纸糊的帽子往原本灰蒙蒙的墙面上滚着粉红色涂料的时候,她都不认识自己了。在她的观念中,这可一直是男人们干的活,跟她八竿子都打不到一起的,但现在她不但干了,而且干得兴致勃勃的。她甚至有了一种生活在童话中的感觉,她的心里有些兴奋,开始想象那些未曾见面的孩子们的样子。

　　他们一定个个都是很可爱的、充满着美妙与神奇的精灵吧?肯定每一个都是聪聪明明、伶伶俐俐的吧?偏远地区的孩子顶多是内向一些,但一定更淳朴吧?小孩子们肯定不像她以前带的高中生,有些高中生已经定型了。小小孩儿哪怕刚上学时一字不识,一切也都来得及的,他们都是一张张洁白的纸。我一定可以把他们个个都带得很优秀吧?五六年的时光,我可以教给他们很多吧?……她满怀着浪漫的期待,想象着和孩子们见面时的种种美妙的场景。

目 录
CONTENTS

秋

逃跑的男孩 …… 003

小种子出发了 …… 008

火一样的男孩子 …… 014

中秋节 …… 018

草的名字 …… 022

从童谣开始 …… 028

请让孩子自己动手 …… 033

茅花儿，茅花 …… 035

哭泣的小翔 …… 039

水仙到了我们家 …… 043

儿歌声中的寒假 …… 058

冬

新学期 …… 063

小海又打人了 …… 066

天空在脚下 …… 069

家访 …… 072

两个好朋友 …… 075

一落千丈 …… 080

花匠 …… 085

云中漫步 …… 089

科林 …… 095

春

杏儿的春天 …… 105

行走在农历的天空下 …… 110

走失的星星 …… 126

在那遥远的地方 …… 130

美好的中心 …… 136

海棠果哪儿去了 …… 149

像风一样自由 …… 156

请铲除我心里贫乏的根源 …… 161

暑假大挑战 …… 167

夏

开学典礼上没有穿校服的男孩 ···· 177

升旗，升旗 ···· 180

有匪君子，如切如磋，如琢如磨 ···· 188

让我的生命简单正直如一支苇笛 ···· 199

我的东西我做主 ···· 206

我们会爱你，直到你把这爱忘记 ···· 213

爱的华尔兹 ···· 233

时光时光你慢些吧 ···· 236

毕业考 ···· 242

最后的庆典 ···· 246

尾声

那些花儿 ···· 261

AUTOMN
WINTER
SPRING
SUMMER

秋

秋天来了，大风吹来，把花种子们
高高地扬起来……在这些种子中间，有
一粒特别细小，比别的所有种子都小。

逃跑的男孩

报到日的早上，楼道中人头攒动。桃夭老师怀着激动的心情坐在教室中等着由教英语的杨老师魔法分班后分到小种子教室的那些精灵们。

看看黑板上自己昨天用彩色粉笔画的欢迎孩子们的画，桃夭老师很满意。再看看教室中自己给孩子们准备的图画书，还有写给孩子们的信和给孩子们当礼物的写好他们名字的小卡片，这些仿佛都和她一样在期待着那些精灵们挥舞着小翅膀从门外飞进来呢。

在等待的片刻，她从教室门口望去，心却不由得一紧。

一个男人正斜着身子往教室里看，这是怎样的眼睛 —— 眼中有一团白色的东西，要说白内障又不像，眼睛睁得很大，眼珠瞪着，就那么很瘆人地往教室里看着；一个女人半边脸都是黑的，好像是一大块痣，在教室门口探了一下头……许多家长在楼道中走动，他们脸上刻着岁月深深的痕迹，看起来似乎不像是孩子们的父母，更像是孩子们的爷爷奶奶。在桃夭老师的想象中小学二年级孩子的父母正是年轻漂亮的时候，不可能是这样的！她的心越收越紧……

一个小女孩和妈妈一起走了进来。这个妈妈倒挺年轻，不像外面的家长，小女孩胖乎乎的，有点儿小大人的感觉。

"你好。"桃夭老师伸出了自己的手。小女孩微笑着坐在了老师的身边。

"你叫什么名字？"

"翠翠。"

这个叫翠翠的小女孩看起来很懂事，乖乖地坐着，边回答着桃夭老师的提问，边用眼睛扫视着教室的墙面和桌子上桃夭老师早早摆好的几十本图画书。

陆续又有家长带着孩子进来，教室中热闹了起来，家长们向桃夭老师介绍着自己的孩子，声音都很大，而孩子们大多跟在大人身后，一声不吭。

"在这儿，在这儿。"随着声音，一个小男孩拉着爸爸跑了进来。

"我叫凯。"他不像别的孩子那么腼腆，一进来就向老师做自我介绍，活泼泼的样子。

"你喜欢做什么呀？"桃夭老师问。

"我喜欢开飞机，我长大了要造出一架飞机来。"

桃夭老师不由得笑了。

"好哇，你能把你的梦想画出来吗？"桃夭老师打开手边的图画本。这算是报到项目中的一个小环节，给孩子们的第一天留个纪念。已有几个孩子画了画，也写了名字。

凯很快地画了一架蓝色的小飞机，在旁边歪歪扭扭地写上了自己的名字。桃夭老师把自己写给孩子们的第一封信拿给他，让他试着读一下。他马上用手指着读了起来，这是别的几个孩子都没有做到的，他们大都是看都不愿意看一眼，有些虽看了一眼也是一句都不愿意读。而凯用方言读得有声有色，除了几个不认识的字外，这封千字左右的信他读下来没有什么大的问题。这让桃夭老师感到意外的惊喜。

一个身材高大、头发蓬乱的女人走了进来，她穿着男式的灰色西服，手里牵着一个孩子，后面跟着孩子的爸爸。夫妻俩身上都有泥土，似乎刚从工地上干完活过来。躲在妈妈后面的小男孩穿着一件红绿黑相间的花格子短袖衫，探出脑袋看着桃夭老师。桃夭老师招手让小男孩过来，他不吭声也不过来。在妈妈身后躲了一会儿，大概看到老师始终面带微笑吧，他胆子大一些，开始离开妈妈在教室中兜圈子跑了起来。桃夭老师让他过来画画，他头摇得跟拨浪鼓似的，问他话，他也不回答，只是朝着老师吐舌头。

"我家小翔啊，可能跑了，有一次大老远跑到工地上来找我……"他妈妈边笑边用很重的方言跟桃夭老师说。

"那挺能干的嘛。"桃天老师模模糊糊听到这个意思，挺高兴地回应道。

还有一个叫莎的女孩子，小小的个子，头发剪得短短的，刚进来时桃天老师以为她是个小男孩。她睁着大大的眼睛看着桃天老师，一声不吭，像一只羞怯的小鸟。

"我家莎莎情况比较特殊，麻烦老师找个人照顾着点儿。她的脑子有点儿问题，出了门找不到回家的路的。"他爷爷一开口就这样说，桃天老师还没明白他说这话的真正含义，在她眼里，莎也挺可爱的嘛。

"莎莎的爸爸是残疾人，妈妈脑子有问题，出了门都不知道回家的。莎莎和她妈妈一样，也是常常出去找不到回家的路的……"说这话时，莎站在边上表情漠然，仿佛爷爷在说别人的事情。

桃天老师惊异于莎的爷爷说这些话时一点儿都不避开孩子，她试图阻拦老人，让他不要当着孩子的面这样说。老人不理解地看着桃天老师，顿了一会儿才说："她不懂这些。"

"不管怎样，请不要在孩子面前说她有问题……"桃天老师还是一再地强调，她看着莎大大的怯怯的眼睛，怎么都不相信莎会有什么问题。

还有几个孩子，在图画本上啥也没画，名字也不愿意写。让家长签名时，有近一半的家长要么说不会写字，要么歪歪扭扭地勉强写上自己的名字。

一个上午报到了二十四个孩子。

桃天老师现在有一种从空中往地面掉的感觉。她等到的这帮孩子和她想象中的小精灵完全不一样。不过，这种失落感一闪而过，她很快地安慰自己：小学孩子可塑性强，一切都来得及！普通没有关系，木讷也没有关系，可能只是穿得破旧了一些，可能只是脸被风吹得黑了一些，可能只是羞怯了一点儿，但哪儿的孩子都是一样的纯真可爱，哪儿的孩子也都是潜力无穷的。这样想的时候，她又喜悦起来了。

正当桃天老师沉浸在孩子们报到的兴奋中时，没有想到，故事就在开学第一天发生了。

中午放学，陪着孩子们吃完饭送他们回寝室，安顿所有的孩子休息后，她又回到办公室做一些琐碎的工作。午睡起来，孩子们来到教室，桃夭老师清点人数，左数右数发现小翔不在，问同寝室的孩子，他们说："小翔说自己的枕头烂了，你刚从宿舍离开他就哭着跑了。"

天哪，那时大概是十二点半左右，而现在已经两点半了，算算时间，他跑了已有两个小时了。桃夭老师突然想起，报名时他妈妈说的小翔特能跑，有一次跑到她工地的事情，她现在才明白他妈妈说的"跑"是怎么一回事了，原来，小翔经常逃学。

桃夭老师急晕了，赶紧找人替她看班，同时报告学校负责人。除了要上课的老师，全校其余的老师都出动去找小翔了。

小翔妈妈留给桃夭老师的电话一直关机，老师们只能四处去找，那真是漫山遍野地找哇！

谁如果到过内蒙古，谁就知道"漫山遍野"的意思了。

自从来到这儿，桃夭老师从来没有出过校门。今天，终于因着这个缘由出来了——往前看是山，往后看还是山。虽然是八九月，但是因为缺水，山上稀稀疏疏的草木，也已过早地显出一些秋意。大部分的山裸露着，红色的土像大地的伤疤一样突显在黄绿色的乱草间，荒凉沧桑感扑面而来。一条公路从山上斜挂下来，路边那些简易的店铺仿佛在告诉路人，这只是暂时的营生，主人的家不在这儿……桃夭老师突然有一种想哭的感觉，仿佛自己成了被拐卖到荒山野岭中的孩子。

老师们就这样漫无目的地四处去找小翔，桃夭老师也一直在忐忑着，这个孩子大概早跑远了，可千万别遇到什么危险哪！

尽管这样想，她仍然茫然地漫山遍野地找着，她觉得此刻的自己就像那些随风摇摆的荒草，没有任何方向感又无可奈何，明明知道这样找下去不会有结果还是不能停住自己的脚步。老公陪着她找，干校长也出来找了，风吹起干校长的头发，显得比平时更加灰白……桃夭老师很惭愧，她觉得自己没有做好工作，连累了大家。

好在贺校长终于通过别的家长和小翔的家长联系上了，五点多小翔的妈妈终于来了，眼睛哭得红红的，眼角有些糊，桃夭老师不能往她的脸上看，只能听着她哭，看着她用那双粗大的手抹眼泪。

正在大家束手无策之际，小翔的二姨打电话来了，原来小翔跑到他二姨家去了。累得腿都软了的桃夭老师终于松了一口气，所有的老师也都松了一口气，真是谢天谢地！

这一天，别的事都不记得了。

晚上九点钟，安排所有的孩子休息之后（虽然是四点钟放学，但因为内蒙古地广人稀，孩子们的家离学校都很远，大多数都要住校），桃夭老师拖着疲惫的身子回到寝室，女儿早已睡了。这一天是八月三十日，女儿的生日。由于来得匆忙，女儿的学校还没有联系好，暂时也没有车接送女儿去城里上学，无奈之下，本来应该上初二的女儿只好休学一年，在家自学了。

小种子出发了

九月一日，是真正的开学日。

早上，桃夭老师刚到教室，教务处的老师又领来了两个小女孩、一个小男孩。两个小女孩一高一矮，高点儿的女孩子头发又黄又干，乱蓬蓬的，眼睛很大，但眼神看起来像做梦一样呆呆的；矮点儿的女孩子头顶上扎了两个小鬏鬏，朝天竖着，眼睛也大大的，脸蛋又黑又红，腮帮子上皴出两团干皮，一副天真烂漫的样子；那个男孩子偏着脑袋，手里拿着他的书包。

"请进来吧。"桃夭老师向三个孩子伸出了手，给他们安排了座位。那个眼神像做梦一样的孩子叫小菊，那个天真烂漫的叫杏儿，她们是从同一个学校转过来的，那个男孩子叫小文。

"亲爱的孩子们，从今天开始，让我们一起像这粒小种子一样，飞越高山和海洋，找到我们生命的土壤，开出我们自己的花来吧。"

桃夭老师拿出了《小种子》绘本，这本书本来是昨天下午要讲给孩子们的，因为找小翔耽搁了，就推到了今天 —— 也许冥冥中早有注定，要等到小菊、杏儿和小文三个人的到来吧。现在大家聚在一起了，二十七个孩子汇齐了，小种子的故事要开始了……

秋天来了，大风吹来，把花种子们高高地扬起来，带到远方……

现在窗外正好是秋天，在内蒙古，这个季节已很有几分萧瑟的秋意了，风正刮着，叶子在飞。

在这些种子中间，有一粒特别细小，比别的所有种子都小。这粒小种子能不能跟上别的种子呢？这些种子又会去哪里呢？

桃夭老师边讲边顺便摸了摸几个孩子的头："你们能否跟上大家呢？"

"我能跟上，我个子高，跑得快！"个子最高的涛说。

"我个子小，但我学习好，别人也赶不上我。"凯马上接口。

"原来你是那个在学习上飞得快的小种子呀。"桃夭老师摸了一下凯的头。

"顺顺是那个在学习上飞得慢的小种子，他学习速度最慢。"有孩子喊道。

"不，是莎，她一个字都不认识。"

"不，是小创，他也一个字都不认识，连自己的名字都不会写。"

"是苏铁，他话都说不利索。"

"是小翔，他也一个字都不认识，还乱跑。"

"是杏儿！"

…………

桃夭老师慢慢地意识到了这个班级情况的复杂，虽然人少，但孩子们状况不一。

"不要紧，一切都还来得及。"桃夭老师告诉自己。

"慢不要紧，只要我们努力往前飞，就会越来越好。"桃夭老师告诉孩子们。

风终于停了，种子们慢悠悠地落到地上。一只小鸟走过，把一粒种子吃了。我们的小种子没被吃掉，它太小了，小鸟都看不见。

一只住在地里的饥饿的老鼠把一粒种子当午饭吃了。我们的小种子躺在地上一动不动，老鼠没看见它。

"小种子非常小，小到别人都发现不了它的存在，但是，小并不一定是坏事呀。"桃天老师拍拍坐在教室前排的小小的米米的头。

米米羞怯地笑着。

桃天老师摸摸小小的杏儿的头。

杏儿纯纯地笑着。

几个月过去了，冬雪化了，春天来了！小鸟飞来了，太阳出来了，春雨落下来了。种子们开始长大了，它们变得又圆又鼓，有些都开始裂开来了。现在，它们不再是种子了，它们是植物了。首先，它们把根须往下伸到地里去；然后，它们长出小小的茎叶，朝向空气和阳光。有一株植物原来是一粒又胖又大的种子，它长得比别的新植物都快。它抢走了所有的阳光和雨露，以至于在它边上的一株小植物死掉了。

我们的小种子还没有发芽呢。快呀，要来不及了！

"你们这些小种子发芽了没有哇？"桃天老师问孩子们，"赶紧哪，要来不及了。"她拍着前面几个小小孩的头。孩子们看起来紧张极了，不知是为小种子着急还是在为自己着急。

"我们的小种子能不能长出小芽呢？"桃天老师问。

"能！"孩子们的心急切而一致。

"时间来得及吗？"桃天老师又问。

"来得及！"有一些孩子响亮地回答，有一些孩子却不吭声，左右张望。

终于，小种子也长成植物了。

当桃天老师用比前面更高一些的语调讲出这一句的时候，有几个女孩子拍起了手，所有的孩子都看着老师笑，老师也看着他们笑。

"虽然慢，它终于还是长成植物了。"坐在前排的百灵说。

桃夭老师向她点点头。

　　…………

　　我们的小种子长成的小植物飞快地生长着，但它的邻居长得更快。小植物才三片叶子的时候，邻居已经有七片了！看！花蕾！哦，花都开了！怎么啦？一阵脚步声以后，一片阴影盖过来，接着，一只手伸过来，摘走了花！

　　…………

　　小种子长成的植物孤独地生长着，它长啊，长啊，一刻不停。阳光照耀着它，雨水滋润着它。它有很多叶子了，它越长越高。比人高了！比树高了！比房子都高了！现在，它也长出一朵花。附近的人们，甚至远处的人们都来看这朵花。这是他们看到过的最高的花，简直是巨型花！

桃夭老师边讲故事边走到教室左面的墙边。左面一大面墙上用红色的纸剪出来的大大的巨型花仿佛在朝着孩子们笑，绿绿的草地延伸开去，草地的尽头另一朵巨型花更是鲜艳。

　　整个夏天，小鸟、蜜蜂、蝴蝶们不停地来拜访，它们也从没有看到过那么巨大，那么好看的花！

　　…………

"老师，为什么没有人摘小种子长的花呀？"桑问道。

"因为一开始它太小了，别人都注意不到它，等到它长大的时候，又特别大，大家都没有见过这样大的花，都惊呆了，当然不会摘它了。"那个最活泼的凯还没等老师张口就说了。

"是呀，正是这样，因为它变成了一个奇迹，人们惊叹还来不及，怎么会摘它呢？"桃夭老师接着凯的话说。

"最小最小的小种子为什么会开出这样大的花来呢？它一直都是最弱的一个呀！"老师又问。

孩子们沉默了，大家都在想这个问题。

"虽然它小，但它一直跟着大家飞。"

"虽然它发芽迟，但它努力地往上长。"

…………

桃夭老师又走到教室后面。在教室后面的黑板上，用五彩纸剪下来的几个大字在阳光的照耀下发着光，让本有些灰暗的教室显得格外明亮："小种子知道，在它的身体里面藏着一朵花。"

"江小鱼小种子知道在他的身体里面藏着一朵花""小荣小种子知道在她的身体里面藏着一朵花""莎莎小种子知道在她的身体里面藏着一朵花"……桃夭老师摸着一个一个孩子的头，"因为小种子心中一直有一个开花的愿望啊！"

故事结束的时候，孩子们的眼睛亮亮的。

桃夭老师把提前准备好的手掌般大的核形彩纸递到了孩子们手中："好吧，现在，小种子们，把你们的愿望都写在这粒'种子'上吧，也可以在上面画上你的自画像，然后，我们把它贴到草地的上空，我们这些小种子朝着花朵的方向出发啦！"

孩子们拿出彩笔，有的在思考画什么，有的就直接涂了起来，画好的孩子在老师的指引下满怀着期待把自己的愿望"种子"郑重地贴到了那面草地的上空；有几个孩子不会画，只写上了名字：莎和小翔的名字写得像个符号，郝小创写的三个字中有两个字是错的……桃夭老师抱着莎和她一起把她写的代表她自己的"种子"也贴了上去。

"我们是小种子，你们和老师，我们大家都是小种子，一切才刚刚开始，我们一起朝着花朵的方向飞。"

　　和学校中有经验的班主任相比，桃夭老师觉得自己确实就像这粒小种子一样，心中一直在忐忑不安。好在，她现在也有了梦，她要和孩子们一起往前飞，飞向那个梦想中的神奇的世界。

　　　　阳光明亮的教室里

　　　　如果用心走过

　　　　我的心一定会变得亮亮的吧

　　　　一定会沾上书本的味道吧

　　　　如果我们就这样走哇走

　　　　从今天开始

　　　　小种子教室的孩子们哪

　　　　一直努力地往前走

　　　　我们的小小的愿望

　　　　会变成朵朵美丽的花儿开放吧

火一样的男孩子

我们有一份火焰要忍受

我们有一份光明

我们有一份悲伤的曲调要补充

我们有一份难受

这里一堆火那里一堆火

有些伤着了自己

这里一片水那里一片水

然后熄灭

这是小海几年之后写的一首诗，用来形容桃夭老师初次遇到小海时的印象大概也差不离。

开学第三天吃过午饭回教室时，刚走进楼道桃夭老师就听到教室里"咣当"一声巨响，进去一看，小海正红着脸梗着个脖子站在那里，教室书柜下面的柜门被踹得陷进去一个大坑。

"你为什么踢坏书柜？"桃夭老师有些生气。

"我想试一下我的脚力。"小海的回答让桃夭老师怎么都没想到。

这事儿还没完。

做完课间操，桃夭老师正往教室里走，"哗啦"一声，教室中传来玻璃打碎的声音，进去一看，又是小海。他站在书柜前，脚下一堆碎玻璃。

"为什么要打碎玻璃？"

小海低着头一声不吭，从表情看不出任何愧疚，也看不出任何嚣张 —— 很奇怪的孩子。

中午小海的妈妈来接他回家，问他："你为什么打碎玻璃？是不是谁欺负你你才打碎玻璃的？"这种问法让桃夭老师感到诧异。

小海果然马上说："小文打我了。"

桃夭老师问小海："小文啥时候打你了？"

"体育课上。"他回答。

桃夭老师忍不住笑了："那你说，你打碎玻璃在前还是上体育课在前哪？"

"打碎玻璃在前。"小海老老实实地回答。

体育课是上午第四节，而小海打碎玻璃是在第二节课后的课间操期间。

他妈妈无话可说了，回头去骂小海："我就说，你一句实话都没有，自己做错了事还不承认。"

他妈妈话还没有说完，小海突然发出虎一样的吼声："我不活啦，我去死！"边喊边冲出了教室。

"我管不了这个儿子了，他要把我气死了，整天在家动不动就说自己去死，半点儿都比不上他弟弟。"

"你不要这样说好不好？不要说你管不了他！更不要说他比不上你的小儿子！他也是你儿子！"桃夭老师边说边往教室门口走，她怕小海真出什么事，急忙给副班主任李老师打了电话，让他在楼门口堵住小海。

一会儿，小海被李老师拉回来了。原来小海冲出门时，正好撞上了刘老师和李老师。刘老师拦腰抱住了小海，据说他虽然气冲冲地往外跑，但当老师抱住他时他也没怎么反抗，就跟着李老师乖乖地回到了教室。

桃夭老师问："你这是不是男子汉的作为？敢做不敢当，胡搅蛮缠，自己做错了事还这样无理取闹！你很喜欢这样的自己吗？"小海不吭声，他妈妈站在边上看着。桃夭老师让他先跟妈妈回去吃饭，好好想一想自己这样做好不好，下午再装玻璃修柜子，小海听话地跟妈妈走了，和刚才判若两人。

第二天早上，桃夭老师往教室走时，又碰上了小海的妈妈来送小海。看见桃夭老师，她很热情地打招呼，一手拉着小海站在了桃夭老师的面前说："老师，我跟你说一声，我家这个孩子头脑不太灵光，你看他昨天做的事像不像个傻子做的呀，而且他上学记不住东西——"

"你不要这样说孩子，他没问题的。"她话还没有说完，桃夭老师就打断了她，摸着小海的头，"老师一看就知道你挺聪明的，是不是？我能看出，你身上有一股向上的劲头，对不对？"小海低着头羞涩地笑着，找不到昨天的半点儿影子了。

小海进了教室，桃夭老师把小海的妈妈拦在门口对她说："请你以后不要在孩子面前说孩子头脑有问题，这不是一个母亲应该说的话。"小海的妈妈愣了一下："老师你不知道，我们家孩子得过两次脑膜炎，还有癫痫，现在得天天吃药，不吃药就会犯，我每天都提心吊胆的。现在他每个假期都要到北京去复检。一年级时在教室犯了病，差点儿把我吓死了。他的大脑是不聪明了，记不住东西了……"他妈妈眼圈有些红。

桃夭突然觉得她挺不容易的："不管怎么样，以后不要在孩子跟前说他不聪明了，得癫痫的人最后成大器的多的是。"桃夭老师进了教室，她有些悲伤。

她这几天听到这样的话太多了。

苏铁的奶奶追着桃夭老师问："幼儿园和一年级的老师都说我家苏铁头脑有问题，老师你看他有没有问题呀？他妈妈是有问题，哑巴，不会说话，出了门都找不到回家的路，有一年从火上走过去脚趾都烧掉了，生活不能自理。爸爸也是残疾人，可怜呢……"

顺顺的爸爸说："我家顺顺刚生下来几天就犯了抽风病，差点儿没活命，转了两家医院才抢救下来，他外婆和妈妈都是这种病，妈妈生活都不能自理，我是既当爹又当妈地把他拉扯大。因为得病他脑子不灵光，一年级就上了三年，最后还是被退回了幼儿园……"

杏儿的爸爸说："我家杏儿的妈妈是疯子，动不动就跑了……"

…………

桃天老师不想听这些，看着眼前的一个个孩子，心中越来越多地涌起了一种难过。

她时不时地会想起电影《阿甘正传》中当阿甘受到别人嘲笑时，他的母亲对他说的那段话："你必须明白，你和你身边的人一样，你和他们没有什么不同，一点儿也没有！"她也不断地在心里对这些孩子们说着这句话。

中秋节

中秋节到了，学校要放一天假。

于是，从早上开始，教室里就弥漫着浓浓的中秋味，这是桃夭老师刻意营造出来的。对于这些不知道中秋节是怎么一回事的孩子来说，桃夭老师觉得这种节日的感觉越浓越好。

桃夭老师小时候是听着许多节日的故事长大的，她想让孩子们也体会到这种感觉。

今天晨诵的内容不像往常一样是童谣，而是一首歌曲《八月十五月儿圆》，课件上皓月当空。

"你们知道有关中秋节的故事吗？"

"知道，昨天手工课上王老师给我们讲过'嫦娥奔月'的故事。"凯没等老师叫他，就站起来开始讲嫦娥奔月了。

"那么'玉兔捣药'的故事听过没有呢？'吴刚伐桂'的故事听过没有呢？"

孩子们都纷纷说没有听过。

桃夭老师就把这两个故事讲给他们听。

"你们知道中秋节学校为什么要放假吗？"

"因为想让我们和爸爸妈妈一起过节呀。"有孩子喊。

"是呀，因为中秋节是一家人团聚的日子，月圆人也要团圆哪。"老师说。

"你们知道中秋节的习俗都有哪些吗？"

有几个孩子叽叽喳喳地说着，但大多数孩子表示不知道。

桃夭老师没有讲解，只是带着孩子们唱起了《八月十五月儿圆》这首歌。

"原来是打月饼啊。"有的孩子仿佛明白了。

"月饼好吃吗？"有孩子问道。

江小鱼甚至在馋馋地舔嘴唇了。

"你们猜猜好吃不好吃？"桃夭老师故意卖了个关子，"答案下午揭晓。"因为晨诵只有短短的二十分钟的时间，大家只能学一学歌就结束了。

利用午饭后的休息时间，桃夭老师去超市给孩子们买了月饼——那种稍微好一些的带有包装的月饼。本地人做的月饼更像酥油饼，很大但油腻粗糙，桃夭老师没有买。

因为是周五，下午上完课孩子们也要回家过节了。

写字课上桃夭老师没有带孩子们像往常一样写字，而是直接从早上的歌曲开始，让孩子们复习一下这首歌，最好能唱会，许多孩子边唱边抄。

"我要回家唱给我爷爷听。"小文边抄歌词边说。

"我要唱给我爸爸妈妈听。"小小的米米声音细细地说。

十五分钟的写字课下课时，许多孩子说："老师，我们不要下课了，我们不去厕所。"

桃夭老师的心里有一股暖流在涌动。

下一节，她带给孩子们的绘本故事是《月亮，你好》。自然而然地，老师当月亮，孩子们当小男孩，对话开始了：

"嗨，月亮，你好吗？"

"我正好经过这儿。"

"你在做什么呀？看起来很好玩。"

…………

恍惚间，桃夭老师觉得自己和这些孩子们的相遇，就像月亮和小男孩的相遇，正好，她经过这儿，大家一起玩一个美妙的游戏。

故事结尾时，月亮和太阳都在小男孩的屋子里，他们三个一起吃早餐，这是多么幸运的事。

"小种子们，你们好吗？"

"我正好经过这儿"

"你在做什么呀？看起来很好玩。"

············

"我要和老师同学们一起吃月饼啦，看起来很好吃。"

桃天老师最后用这一句结束了故事，打开了月饼盒，把一块块月饼放在了孩子们的手中。

孩子们全都兴奋地站了起来，眼睛中闪耀着惊喜。

"大家早上问月饼好吃吗，现在我们就来尝一尝，我们边听歌边品尝吧。"桃天老师对着孩子们甜甜地笑。

"老师，你也吃吧。"孩子们喊道。

桃天老师也拿了一块月饼，她正要往嘴里送时，却发现许多孩子没有吃。

"你们为什么不吃？不喜欢吗？"

"我要把月饼带回去给妈妈吃。"

"我要带回去给爷爷，爷爷对我很好，我要报答他。"

"老师，月饼是在哪里买到的？"有孩子问。

桃天老师拿在手里的月饼吃不下去了，她掰了一小块，把剩下的月饼都分给了那几个要留下月饼的孩子。然后大家一起吃了起来，教室里洋溢着温暖的气氛。

"老师，谢谢你。"兰兰说。

"老师，我多想让你见到你妈妈呀。"小小的米米说，有几个孩子随声附和。

孩子们这样说，是因为上周住校的孩子们想家想得哭的时候，桃夭老师鼓励他们说自己一年只能见妈妈一次，但从来都不哭。没想到孩子们就记在心里了。这一颗颗小小的心哪！

草的名字

周末时，教室里搬进了一批花儿，大大小小十几盆，据说是当地教育局送的。谁都知道，沙漠中最缺少的就是绿色植物了，但是令桃夭老师感到惊讶的是孩子们出出进进，竟然视若无睹。一节课下了也没人过问一下，两节课下了还是没人留意教室墙角的那些花草。孩子们还像上周一样互相追逐、推搡、说说笑笑。

课间操做完不久，小创和皮皮又打了起来，这是他们从开学到现在每天的"必修课"。小创又闪着满眼的泪水跑了进来，皮皮则低着头咬着唇显出一副恨恨的样子。

那天音乐老师指着小创小声对桃夭老师说："这个家伙一年级时最能打架了，那可是全校闻名啊！"又指着皮皮小声说："不过，这个新来的家伙看起来比那个家伙还厉害呢！"音乐老师是本地老师，一年级时带过小创，对他比较了解。

皮皮是这学期从布日都合并过来的孩子，来了没几天就引起了大家的注意。他说话吐字不清，不会说普通话，识字水平仅仅比小创和小海强一些，但表达能力却不如他俩，也属于学习困难的孩子。不知怎么回事，他只要和小创在一起，不到两分钟就会起冲突。哪怕是短短的课间十分钟，上个厕所也常常闹着回来。

当心中没有美好的东西驻扎的时候，孩子们还能干什么呢？桃夭老师理解这一点。

今天，看到孩子们没有一个人注意到教室里的这些花草，桃夭老师灵机一动："啊哈，亲爱的孩子们，今天，你们听到花儿说话的声音了吗？"

大家齐声答："没有。"

"花儿不会说话。"凯喊到。

"真的吗？老师常常能听到花儿说话呢。这不，我刚才就听到了我们教室中这些新来的花草的声音，要不要讲给你们听听？"

孩子们回过头去，像发现新大陆一样，这才发现了教室后面那十几盆花儿。"它们是哪儿来的？""是谁送给我们的？"有人问。

"听花儿自己讲给你们听吧。"

教室里静了下来。

很久很久以前，当世界上一个人都没有的时候，大地是小鸟和花草虫鱼的乐园。

那时候，我，生活在大地的深处。在那儿，我吸足了营养，不知经过了几千年还是几万年，终于在一个阳光明媚的早晨，探出了我的小小的脑袋。

"嗨，你好！大地母亲！"

"嗨，你好，我亲爱的孩子！"

我边和大地母亲打着招呼，边好奇地看着这个世界。啊，真是太美了！阳光暖暖地照着，我的兄弟姐妹们五颜六色地打扮着大地母亲。

清晨，我们与微风携手宣告光明的到来；黄昏，我们和百鸟一起向太阳告别。

草原上，我们跳着舞，姿态轻盈；高山顶，我们抬着头，仰望蓝天；黑夜眨着无数只眼睛看着我们；阳光用它长长的触须抚摸我们。

渴了，我们饮着露水；孤单了，我们聆听鸟儿的歌唱，我们也遥望着远方，想象着远方世界的模样。

我们想到远方去，但我们是花，我们是草，我们只能把对远方的幻想和期望交给我们的孩子们去实现。

春天过去了，夏天过去了，秋风起了，孩子们带着我们的幻想与期望出发了。

"花草的孩子就是小种子。"百灵轻轻地说，几个孩子点点头，教室中水波一样的"是的，是小种子"的声音涟漪一样荡开又消散了。

像星星一样，从湛蓝的天幕坠落到碧绿的地毯上的我的孩子们哪，那些亲爱的小种子，冬天把它孕育，春天把它降生，夏天把它抚养，它们终于四海为家了。

一粒小种子落在了一户人家的花园里，它刚刚探出了脑袋，就被这家的一个小男孩看到了："咦，这是什么草？我要用它去喂我的小兔。"这粒小种子再也没有生长。

一粒小种子落在了一户人家的院子里，这家也有个小男孩，他看到了这嫩嫩的小芽非常高兴，天天给它施肥浇水，小苗开始慢慢地长大了。可是后来这个男孩子不知从哪里学到了一个"本领"——动不动就放声怪叫，还常常和弟弟打架，于是，他家院子里常常回荡着两个人的吵闹声和怪叫声。当他叫起来的时候，小鸟都惊飞了，他家的小花狗也吓得跑到邻居家去了，连地上的小蚂蚁也把家搬到别的地方去了。

"像天虎一样怪叫吗？"
"像小创和皮皮一样打架吗？"
孩子们问道。
"谁说像我一样，我才不对着花草大叫呢。"小创睁着他的大眼睛瞪着说他的人。

"我也不对着花草大叫。"皮皮歪着脑袋说。

天虎咬着嘴唇一声不吭，有些不好意思，因为他的怪叫已经出了名。

是呀，谁会愿意有一个整天吵闹的同伴呢？尽管小男孩很爱这棵小苗，天天给小苗浇水拔草，但小苗还是慢慢地枯萎了。

一粒小种子落在了一个小姑娘的花盆里，这个小姑娘开始还能按时给它浇水，但浇着浇着就不耐烦了，小种子刚刚长成了小苗，就枯萎了。

有几粒种子落在了山村中的一个校园里，几个小朋友看到了，把它们种在了校园的小路旁。小种子探出了脑袋。小朋友每天来到学校，有的给小苗浇水，有的给小苗讲各种开心的故事，还有的对着小苗唱歌，或给小苗背他们刚刚学过的小诗。小苗越长越高，长成了各种各样的花草。就这样，这些花草陪着这些小朋友度过了整整六年。小朋友们长大了，这些花草们多么喜欢和这些小朋友们在一起呀，它们多么喜欢听小朋友们的读书声、唱歌声啊，它们多么喜欢听小朋友们对着它们说悄悄话呀。

"我们能听懂你们的话，亲爱的朋友们。"小花小草摇摆着枝叶对小朋友们说。

很快，分离的时刻要到来了，这些小朋友小学毕业，要成为中学生了。他们得为这些绿色的朋友找一个家呀。

"我们得找那些像我们一样爱它们的小朋友照料它们。"一个小朋友说。

"得找那些能对它们唱歌的小朋友照料它们。"另一个小朋友说。

"找那些能背诗给它们听的小朋友照顾它们。"

"找那些讲文明、有修养的小朋友照顾它们。"

小朋友们多么担心他们的花草哇。

"我也担心这些小花小草……"整天像做梦一样的小菊突然轻轻地说，大大的眼睛里有一丝忧虑。

"我也担心……""我也担心……"教室中又有轻轻的涟漪荡漾开来。

"在遥远的内蒙古有一所学校，那儿的孩子们可喜欢唱歌了，可喜欢读书了，他们的教室里没有花草，他们的老师说花儿就在孩子们的心里，孩子们就是一粒粒种子，他们每一个人都渴望着开出一朵灿烂的巨型花，带给世界一份美好呢……"他们的老师说。

"那就让我们的花草去陪伴他们吧，那就让我们的花草给他们的教室带去春天的色彩吧。"孩子们齐声说，他们的眼睛亮晶晶的。

"千里迢迢的，我们来了！"花儿们说。

"小种子教室的孩子们哪，我们来陪伴你们了，你们高兴吗？"花儿们说。

"小种子教室的孩子们哪，我们能相伴五年，五年后，你们能把我们健康美丽地交给另一批喜欢花儿的小朋友吗？"花儿们问。

"小种子教室的孩子们哪，我们多么希望能常常听到你们的唱歌声、你们的读书声、你们悄声耳语对我说话的声音哪！"花儿们说。

"亲爱的小种子教室的孩子们哪，请把我当成你们的朋友，请给我命名，请对我说说你们心里最想对我说的话吧。"花儿们说。

教室里静得出奇，阳光从窗外照进来，有几缕落在后面的花草上，花草的叶子亮亮的；有几缕落在孩子们的脸庞上，孩子们的眼睛扑闪着梦一样的光彩。

桃夭老师带着孩子们轻轻地读起了金子美玲的《草的名字》：

别人知道的草的名字，

我一点儿都不知道。

别人不知道的草的名字，

我知道好多。

那些都是我取的名字，

给我喜欢的草取我喜欢的名字。

别人知道的草的名字，

也不过是谁给取的吧。

草的真正的名字，

只有天上的太阳才知道。

所以我取的名字，

只有我在叫。

　　在孩子们的写绘日记中，桃夭老师读到了孩子们的心声。

　　"我给奇中一多花命明为因熊，我叶想向他一样。"（"我给其中一朵花命名为'英雄'，我也想像它一样。"）个子小小的皮皮写道，虽然有好多错别字，桃夭老师还是读懂了。

　　"我给其中一朵花命名为星星，因为它的叶子上全是像星星一样金色的点点。"阳光帅气的女孩子彤写道。

　　"我要给它浇水捉虫子。"凯写道。

　　"我要小声说话。"小创写道。

　　"我要给小花小草读故事。"憨憨的小白写道。

　　…………

从童谣开始

失眠，严重地失眠。

几乎每夜只能睡着两三个小时，然后就睁着眼直到天亮，大脑中盘旋的全部是教室中的事。偶尔一觉睡了四五个小时，那么这一天对于桃夭老师来说简直就是节日。

生活也严重地不适应。

当初老公描述的蔬菜基地大概只盛产土豆，它是食堂中永远的主角：土豆炖羊肉，土豆炖青菜、土豆炖猪肉、土豆炖豆角……且不说土豆好不好吃，只要一看到那黏糊糊的一锅，桃夭老师就没有了任何胃口。

但是她得吃，因为要保持必要的体力到教室中去教孩子们。

班级问题比她能想象的要严重得多。这里的孩子和东南地区同样二年级的孩子是不能比的。

原来准备的秋天的童诗，孩子们读不下去，课文教学更是无法进行。且不说班上那几个几乎一字不识的孩子，就是大部分中游的孩子学习基础也出奇得差，课文中提到的许多常识性的东西，他们也常常不知道是什么。晨诵时本来很简单的一首童诗，因为孩子们知识经验的不足，就是不能理解，常常读不下去。

在数学课上，班上三分之二的孩子在计算个位数加减法时都要数手指头，连开学初看起来很能干的翠翠姑娘也是这样。

这是学前教育缺失导致的严重后果。

没有来这儿以前，桃夭老师怎么都不会相信一个孩子从小在家庭中受到的潜移默化的教育有这么重要。

　　班上学习最困难的那三分之一的孩子，他们的父母要么一字不识，要么有严重的身心方面的问题，而且大多是妈妈有问题。孩子们生下来之后，与母亲基本上就没有什么正常的交流，家长的责任就是让他们吃饱肚子，然后天然地长大。因为许多是牧民的孩子，他们的家散落在草原上，相互之间又相距甚远，孩子们的玩伴从小就是家里养着的羊或者牛。这种整天面对着黄草蓝天的单调生活，让孩子们的头脑一片空白。

　　不对比不知道，但对于从东到北走过大半个中国的桃夭老师来说感受太深切了。

　　和学校领导商讨后，大家决定降低课程难度，晨诵从童谣做起。童谣朗朗上口，本来应该是上学前由父母在陪孩子们玩耍时教给孩子们的，现在就由老师教给他们吧。在童谣的学习中补充孩子的学前经验，积累一定的识字量，就这样从头做起吧。为了给孩子们补充经验，备课时老师们增加了图片量，那些孩子们没有见过的，都用图片展示吧；而语文课文就采用提前教的形式，带着程度低的孩子提前预读课文，把文章中常识性的东西先扫除干净，上课时再带着大家一起探讨；数学也从数的概念的建立开始重新教吧。

　　为了保证孩子们生命的完整性，便于老师把握孩子的生命节奏，学校实行包班制，语文和数学由一个老师来实施教学。这样的安排再加上提前补课，桃夭老师基本上没有任何空闲时间了，备课全放在了晚上和周末。

　　桃夭老师总不能忘记那一个个周末，在星期五孩子们放学后，她和陈老师分好任务，就分头准备下周的课程，几年如一日。

　　桃夭老师也不能忘记那一个个下午，阳光从窗外斜射进来，照在孩子们的身上。她带着班上学习基础最差的九个孩子在教室后面的空地上围成一圈，朗读第二天要学的课文的情景。孩子们拿着书，亮着嗓子，结结巴巴的声音随着阳光斜斜的光线舞动着。

"我们一起加油吧，努力一两个学期咱们就很棒了。"听到她这么说，孩子们的眼睛里闪着明亮的光。

因为孩子们住校，晚上安排了两节晚自习，这两节晚自习由班主任自由安排。

在开始的一段时间，桃夭老师把这两节晚自习进行了如下规划：

第一节晚自习，桃夭老师亲自教小翔和莎数数，其他孩子做写绘作业。第二节晚自习，她给孩子们讲故事，累了的时候就让小白给大家读故事。小白是外地来的学生，识字量明显大一些，读绘本不成问题。后来江小鱼也加入了读故事的行列，他记忆力好，嗓子好，很快也能独立读绘本故事了。

为了帮小翔和莎建立起基本的数的概念，桃夭老师拿了许多卡片来让他们一个一个地数，但这两个孩子更喜欢数老师的手指头，"一，二，三，五，六"，小翔每次都这样数，桃夭老师的指头就多出来一个。

而莎数得飞快："一二三四五六七八九十……二十一、二十二"，她一溜烟地数下去，桃夭老师的一只手就成了二十二根手指头。

"1+1等于几？"桃夭老师伸出两根手指问。

"嗯——，3""5"，小翔常常咬着手指回答，反复多次后终于能说出一个"2"，下次再问又不知道等于几了。而莎此时会一声不吭，茫然地看着老师。

教了一周之后，让小翔试着把 1 到 10 的数字写出来，他勉强能写出 1 到 4 来，但顺序竟是颠倒的。

除了补数学，桃夭老师也要教小翔儿歌，这时也会顺便把小创叫过来一起教。

小创的名字在原来的老师中有些响当当的，一年级教过他的老师说，他爱打架不说，还经常在操场游荡不进教室上课，为此没少被老师教训。

桃夭老师并不把这些评价当回事，她坚信自己的眼睛，而不是以往的记录和评价。像《特别女生萨哈拉》中波迪老师说的那样，她认为："如果有个孩子不老实，反应慢，不会看书，慢慢地我会看出来，我有眼睛，足够了，所以我不需要记录。"

桃夭老师的眼睛看到的小创是多么可爱呀：眼睛大大的、亮亮的，纯净得就像黑里透亮的葡萄。上课时状态永远那么好，两只明亮的眼睛看着黑板，只要心中稍微知道一点儿就会喊出来，虽然很多时候，少些思考和沉静，但他身上的那种勃勃生机却实在让人喜欢。

桃夭老师怎么都不相信小创在学习上白净得像一张纸。当小创几次抢着发本子却张冠李戴搞得混乱一片时，当他好几次把自己的名字都写错时，当他在课堂上连一首简单的儿歌都读不下来时，当桃夭老师教他"吃饭"这个词要教好多遍好多天时，当他"上下左右，水火土木，眼睛，嘴巴"都不认识时，桃夭老师终于相信小创的一年级白上了。

但小创记东西比小翔快很多，虽然忘得也快，他能说爱读，这点小翔无法比。"只要能说就有希望"，桃夭老师想。于是，许多个晚自习，桃夭老师带着小创、莎、小翔从基本的字识起，从最简单的儿歌读起，一遍又一遍地重复着。

有时候先是桃夭老师带着他们读，小创学会了就让小创再教小翔和莎读，这样小创也有个巩固的过程。如果桃夭老师的嗓子实在受不了，就让其他已经完成作业的孩子带着读。

有时候桃夭老师会万分沮丧，譬如有一个晚上，换了翠翠、小白、岐三位同学，加上桃夭老师自己，一句"摇到外婆桥"都没有教会小翔；也有高兴的时候，譬如另一个晚上教小翔读《拉大锯，扯大锯》时，他竟然会说两句了，桃夭老师那天晚上睡眠都甜了很多。

桃夭老师渐渐发现，只要是三个字的儿歌小翔就能学会一些，但多于三个字他的舌头就打不过转来，所以桃夭老师准备从三个字的儿歌给小翔教起。

莎和桃夭老师越来越亲近，下课后也喜欢不停地来找桃夭老师玩耍了，还时不时向桃夭老师告别的小朋友的状。告状也是一个孩子亲近老师的标志之一吧。

她的嘴巴灵巧一些，教什么都能读，但是全记成了顺口溜，其实一个字都不认识，就像她学的那些数字一样，能背出来，但大脑中其实没有一个数字。

那天课前教唱《找朋友》时，莎竟然跟着唱起来跳起来了，这是莎第一次融到课堂中！以前上课她可都是在自顾自地说话，或者摆弄学习用具。这一刻，桃天老师仿佛看到了光——只要能打破她那种沉迷在自我世界的状况就有希望啊。

可惜，也仅仅只有那一次，过后很长一段时间，莎又沉在自己的世界中，不管桃天老师讲什么故事，她都不为所动。

有第一次就有第二次！桃天老师坚信。

她也不知道自己哪里来的这份信心和勇气。她不会带班，不是一个有经验的班主任，她觉得自己是凭着一腔热血在工作，这是一场和自己的毅力作斗争的战斗。

她的嗓子不争气地进入了恶性循环，周一最清亮，周二开始暗哑，周五基本上就说不出话来了，然后周末休息时一句话都不肯多说，休养。周一再重新开始清亮、暗哑、休养。

无数个夜晚，工作结束后，她拖着疲惫的身躯往公寓楼走，高原上清冽的风吹在脸上，有一种刺骨的凉意。头顶上的夜空总是变幻着各种景致，有时候一整块的黑云像巨大的怪兽大张着嘴要俯冲下来，但更多的时候，头顶空旷而辽远，星星闪着明亮的光辉展示着高原天空的魅力。

她时常沮丧，但也无数次地看着夜空中的星星告诉自己：一切都会好起来的！

请让孩子自己动手

因为孩子们认字太少，纯文字的书写作业基本上无法进行，所以每天的作业除了复习当天学习的儿歌外，基本上都是读绘本故事，完成一篇写绘日记（即用图画和文字结合的方式写日记、编故事，或者复述老师白天讲过的绘本故事等等）。

开学初，上晚自习的近二十个孩子，做写绘日记时既能画画、又能给图画配上一两句文字的不超过三四个人，除了小翔和莎外，还有三、四个孩子不画也不写，最后都要在桃夭老师的指导提示下才能完成。

也有让老师感到欣喜的。譬如百灵，这孩子爱生病，常常哭，每天晚上都回家，但是第二天她总能拿给老师写得很认真的作业，她的写绘故事有头有尾，虽然文字也不多，但图画本身就是一个个精彩有趣充满着灵气的故事。还有凯，他也没有住校，刚开始他的写绘作业乱七八糟，但老师讲评几次后，他很快就进入了状态，和百灵的成为班上双峰并峙的榜样作业。

最让老师感到奇怪的是小海。

他在学校做作业时一笔不动，不画也不写，在美术课上也从不动笔，但他竟然每天早上从家里来时都能带来一份相当不错的图画，边上还能配几句相当通顺的话，这是班上大多数孩子都达不到的水平。桃夭老师研究了几天他的作业后，在他爸爸来接他时和他爸爸聊了一下。

"你们家谁在替孩子写作业？"

他爸爸脸红了。他爸爸是小学四五年级的水平，虽然字写得不好看，但正好和孩子的笔体比较像，可以以假乱真。小海本子上的图画都是他画的，字也是他写的。

"原来我每次都是在给你布置作业呀。"桃夭老师自己都觉得好笑。

"他不会做，不完成又不睡觉，所以我就替他做了。"

"那你知道你越这样代替他，他就越不会做吗？以后你代替不了的时候咋办哪？"

桃夭老师理解家长想要配合老师又没有更好的办法教育孩子的心，也就没有多说，只让他知道这件事对孩子的极度危害。尽管桃夭老师给小海爸爸支招让他鼓励孩子自己动手写作业，但随后的几天，小海都没有交作业，一问只说不会。

于是，晚自习时，桃夭老师的桌前又多了一个孩子 —— 小海。

小海比小创、顺顺识字稍多一些，但极度没有自信，不敢读，更不敢写。只要离开老师的办公桌，他在自己的座位上就一动不动。为了鼓励他自信一些，桃夭老师经常让他给小创、小翔、莎和顺顺当小老师。每次做写绘作业时，桃夭老师都百般启示："你今天有什么高兴的事呀？读到什么有趣的书啦？和小朋友玩什么游戏玩得最开心哪？"小海有时就会回答一两句，桃夭老师再追问，"那你用你的笔给老师讲出来呀，不会写就用图画来表达吧，画完了讲给老师听，老师帮你配文字。"桃夭老师有时会根据他讲的内容画几笔，然后让他接着画，小海就会别别扭扭地画几笔，然后就停下来，看到老师在看他又接着画。他出手很重，画得线条很粗，铅笔常常会被压断，然后又去削铅笔，一节晚自习常常都在这种磨磨蹭蹭中度过了。每一次作业都要花很长时间 —— 好在经过一段时间的磨合后，他终于开始自己做作业了。虽然经常涂得乱七八糟，虽然仍要坐在老师办公桌前，虽然还要老师提醒帮助，但毕竟是他自己动手在做了。

茅花儿，茅花

日子不能总是辛劳，也要有诗意。

对于以前爱写诗的桃夭老师来说尤其如此。

有一天，她发现了一个极好的去处 —— 校园外面的一片荒地。

因为是深秋时节，那片荒地上有了一道别样的风景 —— 一大片茅草，也许叫狗尾巴草吧，长得高高的、密密的，因为失掉了水分，现在变成了银白色。一大片都是，分外美丽。

那天早上，她特意教了孩子们一首金子美铃的童谣《茅花儿》。下午课外活动时间，她和英语杨老师带着女儿和孩子们出来了。

> 茅花儿，茅花，
>
> 白色的，白茅花。
>
> 夕阳下的河堤上，
>
> 我要拔一枝茅花，
>
> 它摇着头说，
>
> 不要拔呀不要拔。

当看见阳光下的茅草时，桃夭老师朗诵起了这首刚刚教给孩子们的诗，孩子们也跟着读了起来，他们仿佛第一次发现自己从小到大司空见惯的茅花竟然这么美丽。大家对着茅花读诗、唱歌，在茅花丛中照相……带着大家读了一会儿诗之后，桃夭老师让孩子们自由活动，她则坐在茅花丛中静静地看着孩子们。

夕阳把它金色的光辉洒了下来,整片茅草都笼上了金色,坐在草地上水平看过去,每一朵茅草都绒绒的,闪着金光。孩子们自由自在,三五成群地笑着闹着:翠翠在给莎读诗,这个负责任的小女孩,自从负责照顾莎之后可真是尽职尽责;小海对着一支茅花大声地喊着:"不要拔呀不要拔。"看得出,他有些想拔;还有一大群女孩子围着桃夭老师的女儿,大姐姐长大姐姐短地叫着,让大姐姐给他们讲故事;凯和一些小男孩离老师远了些,蹦蹦跳跳的,不知是不是在扮小兔子;苏铁和天虎习惯性地又去爬那个小山丘……每一个孩子的脸上都荡漾着快乐,女儿也是那么快乐,不能上学的郁闷此刻似乎也一扫而光了。

在夕阳的装扮下一切都仿佛油画一般,显得不那么真实了。恍惚间,桃夭老师感觉好像在做梦一样,以前的人生一闪而过,那些生活都离她而去,所有的喧嚣都变得越来越遥远了,这不正是梦想中宁静的世外桃源吗?就这样坐着,看着孩子们,不也是很美好的吗?美好得像梦一样。是的,如果不是在梦中,她怎么会突然就到了这个地方,突然和这么一群孩子相遇?人生是多么不可思议呀!

太阳只留最后一缕金光在天边了,天渐渐地暗了下来,不得不回学校了,孩子们又朗诵起了这首《茅花》:

> 茅花儿,茅花,
> 白色的,白茅花。
> 乘着黄昏的微风,
> 你高高地,飞吧,
> 飞上黄昏的天空,
> 变成一朵白云吧。

看着孩子们虔诚纯净的脸,看着他们望着白云的眼睛,桃夭老师的心被深深地打动了:飞吧,亲爱的孩子们,不管在什么地方,让我们的心高高地飞扬,变成一朵白云吧。

那个周五，她给家长们写信的时候，心情比往常要平静许多。她提到了这些美丽的茅花，提到了天上的白云。

她不知家长们看了会有何感受，但她还是把自己心中想说的话一一说给他们听。

也许也是说给自己听。

其实每个周五老师们都要给家长们写一封信，汇报本周孩子们在校的情况，老师们戏称为"写情书"。

桃夭每次写信时就会不由自主地想起那首童诗：

　　蜜蜂用树叶，

　　写信给蚂蚁，

　　咬了三个洞，

　　表示"我想你"。

　　蚂蚁接到信，

　　看了半点钟，

　　也咬三个洞，

　　表示"看不懂"。

她做了一个调查后发现，班上孩子的家长有三分之一的父母双方都一字不识，顶多会写自己的名字；另有三分之一的父母双方有一方读到了小学四五年级；还有三分之一的父母双方有一方读到了初一或者初二，班上真正初中毕业的家长就两三个；小文的爸爸是班上唯一的高中生，但小文从两岁时就和不识字的爷爷奶奶一起生活，一年都见不了爸爸几面。

但是，不管读者怎样，写"情书"的人的心总是热切的。桃夭老师的心也是热切的。每一周，文字从她的心底流出，期望从她的心中流出，孩子们的影子在眼前闪现，一个个日子的喜怒哀乐在眼前闪现，她怀着憧憬在写，怀着激动在写，有时甚至怀着哀怨和疲倦在写。

但这一周，她心情平静地在写。心就像那白色的茅花，带着微风的气息，带着阳光的气息，轻轻摇曳。她耳边回荡的是孩子们的笑声，眼前闪现的是孩子们看着白云时的笑脸和那给茅花镶上金边的夕阳……

她不知道家长们看了信会作何感想，她平时和家长们打交道不多，大多数家长都是典型的北方农人的性格，有些木讷。有没有看信，他们从来没有表现出来过。"大概因为我也是这样的性格吧，有缘人相聚了。"她开玩笑地对自己说。

也有一些热情的家长由原来的观望慢慢地参与到孩子们的学习中来了，尤其是那些相对优秀的孩子的家长。凯的妈妈、彤的妈妈、百灵的妈妈、熙的妈妈……她们也隔三岔五地给教室送来一两盆花，给教室送来十字绣钟表，给孩子们送来水果……在这个举目无亲的地方，桃夭老师越来越感觉到自己和这群孩子、这些家长有了相依为命的感觉。

哭泣的小翔

小翔又逃跑了，而且是连着两天两次出逃。

第一天吃完晚饭桃夭老师回来清点人数时，发现小翔不见了。

第二天让江小鱼跟着小翔，结果吃晚饭时小翔又不见了。

每一次贺校长都发动没课的老师去找，桃夭老师也跟着找，实在筋疲力尽时就回来坐着等。她已隐隐知道，小翔每次出逃都会去亲戚家。但是哪怕知道也得去找，因为这地方人烟稀少，现在又是冬季，晚上的温度基本上都是零下十几度，万一孩子没有到亲戚家那后果不堪设想。

第一天，第一节晚自习下课时，找到了小翔，他是在跑去他二姨家的路上被张校长找到的。

第二天，老师们正在找小翔时他二姨打来电话说小翔去了她家。

第一天张校长带他回来时他一直在哭，用两只手捂着眼睛，并从手指缝里偷看着桃夭老师。

第二天小翔回来时得意洋洋地说："其实我一直在学校……"他哪里一直在学校哇！

小翔最近常常哭。桃夭老师知道他为什么哭。

尽管老师每天都要额外地教他很长时间，但是收获几乎是零。到现在为止，半学期过去了，小翔数数还是乱数，"1、2、3、4、5"写出来的顺序仍然是乱的。桃夭老师问他一加一等于几的时候他仍然只会乱猜，大概唯一学会的就是桃夭老师教他的"上""下""羊""狗"等字。桃夭老师找了一些小翔生活中比较熟悉的东西来教他,以便于他理解。因为小翔家养了很多羊,也有狗,所以桃夭老师就先教这些了,但就这些字也是多次在重复之后他才会认的,仍然不会写,让他照着写,第一个可能写对,第二个就会缺笔画或者笔画挪了位置。

桃夭老师教得累,小翔也学得累。虽然每次他都很认真地在学。每个晚自习或者课间休息的时候,他都会拿着老师为他编写的儿歌找老师来读,但是当老师要辅导别的孩子没有精力管他的时候,小翔就常常定定地坐在那儿,可怜巴巴地看着老师。老师复印了一些图片让他填色,给他本子让他画画,给他字帖让他描红。如果老师陪着他做这些,边做边问边提示,他就会有兴趣;如果老师一离开,他不到两分钟就失去了兴趣,或者乱涂一气,或者干脆把刚刚画的图画撕掉。有一次,桃夭老师教他涂色时,让他拿红色的油画棒,结果他拿来的是蓝色的,桃夭老师吃了一惊,问他穿的衣服是什么颜色的,明明是黑色的衣服,他却说是红色的;同桌穿的是黄色的衣服,问他知不知道那件衣服是什么颜色的,他竟说不上来。桃夭老师这才知道,他也不认识颜色,不是因为色盲,而是因为他根本没有红黄蓝等颜色概念。于是,整整几个星期,桃夭老师每次教他涂色都要先教他认识颜色,每天见到的东西都要问一下他那是什么颜色,但直到小学毕业,小翔对颜色还是辨认不清。

别的孩子在课堂上听得津津有味的时候,小翔是茫然的。

别的孩子在读书、写字、做事情的时候,小翔可怜巴巴地坐着等老师来帮助他。

前排坐的小海和小创也一样,作业布置下来的时候都在眼巴巴地望着老师,没有老师陪着什么都做不了。

因为学困生太多,班主任包班精力明显不济,学校从外地借调来一个有经验的汤老师。汤老师是数学老师,每天抽空给两个班的学困生补数学。他先是把小翔、莎和其他学困生放在一起补,后来发现不行,又抽出别的时间专门给小翔、莎和隔壁班的月三个人一起补,每天一有空就教他们数卡片、数棋子,但是几星期过去了,小翔对着卡片仍然会说"一、二、三、五……",而莎还是会对着五六张卡片一溜烟地数到二十。

看起来生活没有任何困难的小翔对学习就像天生免疫一样，令桃夭老师束手无策。他不像莎，可以沉在自己的世界中自得其乐，他坐着坐着就会哭起来。

坐在教室中这么痛苦，不出逃才怪呢。桃夭老师完全理解小翔的心情。虽然她尽力对小翔好，但她知道，当一个老师不能真正给孩子提供帮助的时候，一切的安慰都是无力的。

当然不能这样下去。

至少，她要让小翔爱上这个班级，她要让小翔把这儿当成自己的家。

桃夭发动班上的孩子帮助小翔，给小翔讲故事、教儿歌。在这个过程中一是锻炼了孩子们，二是孩子们和小翔的关系也亲密起来。

江小鱼特别喜欢帮助小翔，常常给他讲故事，后来班上有孩子提出大家轮流给小翔教儿歌、讲故事，于是孩子们利用课外活动时间，主动地一个接一个地轮流来教小翔认字读儿歌，阅读时间也会主动坐在小翔跟前给他读故事。

桃夭老师也要教会小翔玩耍。

前一段时间，看到孩子们下课后总是在操场后面的沙坑中玩沙子，她就买来了十几副象棋、几十盒围棋、五六盘跳棋，又买了跳绳、乒乓球、羽毛球、毽子等玩具，她要教会孩子们玩比堆沙子更高级的游戏。

正好汤老师是象棋高手，她就邀请汤老师对全班同学进行象棋培训。

但是小翔学不会象棋，别人玩象棋时，他常常跑去看高年级的孩子拍卡片。

桃夭老师在学校中找到了一个旧足球，她想，这个小翔应该能学会吧。为了让大家踢球时不忘记小翔，她一方面提醒大家，一方面让小翔负责管理足球。于是，每天一下课，就看到大家簇拥着小翔往操场走去。桃夭老师露出了笑容。

可是没玩几天，小翔就不愿意玩了，又跑去看高年级的孩子拍卡片了。

"你为什么不去踢足球呢？多有意思呀。"桃夭老师问小翔。

"我给他们踢过去，他们就给我踢过来，我踢过去他们就踢过来，他们不跟我好好玩。"小翔气呼呼地说。

尽管已经用一节课时间给大家讲过足球比赛的规则，但没有实战演习，小翔肯定没有记住。桃天老师又给小翔讲了踢足球的规则，然后拉着他一起看别的孩子踢足球，边看边给他讲，他总算知道踢球大致是怎么一回事了，但是他对踢球还是兴趣不大，尽管孩子们要带着他玩，他自己倒是常常没玩几下就退出了。

　　课间操时，桃天老师常常带着一部分同学跳大绳，莎最喜欢这个运动了，虽然她跳得并不好，但只要老师拉着她一起跳，她兴致就很高。小翔对跳绳兴趣也不大，也是跳几次就不再跳了。

　　但总算，他出逃的次数越来越少了。

　　学期末的一天早上，小翔给班上每个同学的杯子里都打上了开水，整整齐齐地摆在窗台上。桃天老师表扬他勤快时，小翔说："我娘娘（内蒙古人把奶奶称作娘娘）说不让我上学啦。"

　　"为什么呀？"桃天老师问。

　　"我也不知道为什么，我娘娘这样说。"

　　"不会的。"桃天老师安慰小翔，她发现小翔已经喜欢上了学校。

水仙到了我们家

十二月到了，窗外寒风凛冽，一场雪过后，连着好几天外面都是零下二十几度，教室里却是暖融融的。

一大早，桃夭老师走进了教室，和往常不一样的是，她手里拿着两个花盆，提着一个红色的塑料袋，里面装满了泥土。

"老师拿的是什么呀？"孩子们好奇地伸长脖子欠起身子往前看，调皮的江小鱼还跑到前面来："老师，这是啥呀？今天你要给我们上什么课呀？"

"是呀，上什么课呀？"大家跟着一阵叽叽喳喳。

"猜猜，这是什么？"桃夭老师从花盆里拿出几个黑不溜秋的东西，笑着问大家。

"洋葱。"

"不对，是大蒜！"

大家争得不亦乐乎。

桃夭老师摇摆着那几个东西，仿佛它们在向孩子们鞠躬问好，同时，老师在课件上出示了一首她自己写的诗：

> 你是什么怪东西
>
> 有点儿像洋葱
>
> 有点儿像大蒜
>
> 有点儿像……
>
> 我们这群教室里的小调皮

穿着脏兮兮的衣裳

伸着大拇指

一晃一晃地笑嘻嘻。

大家都笑了，互相指着："像你，像你。"女同学指着男同学："像你们这些男孩子。"黑不溜秋的男孩子就笑："杏儿不也黑溜溜的吗？她是女孩子呀。"

"老师，这到底是什么呀？"

桃夭老师出示了诗的题目——"水仙"。

"啊，这就是老师说过的水仙！"孩子们齐声喊道，"怎么会是这个样子？"

"不会吧？水仙应该是很美的，应该和仙女一样美，怎么会是这样的？"百灵说。

"是呀，不会是这样的吧？"兰兰、小米等几个爱美的女孩子随声附和，大失所望。

"这是水仙种子呀，美的可是水仙的花！别小看这黑不溜秋的种子，它能开出美丽的花来呢。"老师说。

孩子们又是一阵叽叽喳喳："水仙的种子可真大呀！"

"是呀，因为它里面藏着花朵呀。"桃夭老师说。

有的孩子就回过头去看着教室后面的黑板上那一排五彩的句子并读了出来："小种子知道，在它的身体里面藏着一朵花。"

"会是白色的花吗？"

"会是粉色的花吗？"

"像仙女一样的花吗？"

教室里又是一阵叽叽喳喳。

"大家等着吧，我们一起看它一天一天怎样成长，开出什么样的花吧。"桃夭老师微笑着对孩子们说。

她又出示了一首童诗，也是她写的：

我该叫你什么
是洋葱还是大蒜
你这不起眼的东西

我怎么也不相信
老师说
有一天你会亭亭玉立
像个仙子

难道你也像我一样
把开花的愿望藏在心里

"哈哈，老师，你怎么知道我们心里想啥呢？"

桃天老师笑了："我当然知道啦，我是你们的老师呀。"

大家都笑了。

"水仙花吸收了足够多的水分和阳光，长到足够大的时候就会开出花来，因为她的心里怀着开花的愿望。咱们是小种子班，我们每一个心怀愿望的小种子也要努力地吸收知识的营养，我们也能开出花来，只要大家不忘记开花的愿望。"

"小种子知道，在她的身体里面藏着一朵花。"老师指着后面的黑板上那句彩色的句子，孩子们用真切的声音把这句话读给自己听。

"好，现在，水仙到了我们家了，你们要对水仙说什么呢？以后每天，你们都要把自己想对水仙说的话写在本子上给老师看哦。"

"现在，让我们亲自来种水仙吧，我们用水养两颗种子，再用土种两颗种子，看看土里种的和水里养的哪个长得快。"

大家在老师的指导下很快地种好了水仙，小海自告奋勇把水仙小心翼翼地放在了阳台上，仿佛捧着满怀的期望似的。

　　这天晚上，大家的写绘都跟水仙有关，虽然大多都是短短的两三句话再配一幅想象中的水仙的图画，但仍然散发着一种异样的美好。

　　第二天的晨诵课上，老师出示了一首诗，是根据孩子们昨天本子上写给水仙的话整理改编的：

　　　　水仙到了我们家

　　　　我们怎样招待她

　　　　皮皮说：我要给她喝水

　　　　小创说：我要陪她说话

　　　　小海说：我要给她阳光

　　　　小白说：我讲故事给她听

　　　　凯说：我出道数学题考考她

　　　　翠翠说：我唱首歌给她

　　　　小菊说：我写出漂亮的字给她瞧

　　　　岐说：我为她画一幅画

　　　　…………

　　　　小种子们都说了话

　　　　水仙欣喜地点着头

　　　　092班的小种子呀，你们真是好娃娃

　　　　我也要和你们一样努力地长大

　　　　争取早一点儿开花

　　今天大家的声音分外响亮，皮皮的脸上竟然有了些许害羞的笑容，小海的粗暴消失得无影无踪了，小白憨憨地笑着，小菊的脸红红的。

从此，大家的生活中有了一件很重要的事，那就是水仙。他们下课看水仙，日记中写水仙。

每天27双亮亮的眼睛都在盯着花盆看，27颗心都牵挂着同一件事。一天过去了，没有动静；两天过去了，还是没有动静……时间仿佛静止了似的，大家急得团团转。

但是，一个星期之后，水仙突然长出了根须，孩子们欢呼雀跃起来。

> 我们种下水仙已经一个星期了。这个星期以来，我们每天让水仙喝得饱饱的，因为老师说她喜欢水；我们也把她放在窗台上，让她享受着阳光，因为老师说她喜欢阳光。就这样，一天天，水仙可大变了样。她首先长出了密密的根须，很细很嫩的白色的根须，像一根根银线一样。接着，嫩绿的芽儿就往上冒了，像蒜苗似的，翠翠的，现在有一枝芽儿已经有一寸多长了。水仙花长得可真快呀。但我们还是嫌她长得慢，我们盼着她快点儿长大，早点儿开出美丽的花来。

江小鱼的日记道出了大家的心声。

百灵画的水仙花竟真像个亭亭玉立的姑娘头顶上开着一朵花。

桃夭老师的心中也充满着喜悦，她知道，水仙不只种在了花盆里，也种在了孩子们的心里。

每天都有新诗产生，都是她根据孩子们日记中的只言片语和小小心思改编出来的，于是，每天的晨诵课上大家都会心而笑：

一

水仙探出了她小小的根须
我的心里充满着惊喜

是我的歌声唤醒了你吗

是我的读书声唤醒了你吗

还是

还是你的心里也充满着好奇

水仙探出了她嫩嫩的绿芽

我的眼里满是惊讶

是我的轻声细语打动了你吗

是我期待的眼睛打动了你吗

还是

还是你想探索这个世界的奥秘

你一定是想看看我

看看我们这些可爱的小种子

看看阳光

看看这美丽的天和地

二

你为何为何这么奇怪

穿着一身薄薄的黑衣

探着小小的脑袋

你为何为何这么奇怪

鼓着圆圆的肚子

胡子那么可爱

你为何为何那么奇怪

只喝水不吃饭竟然长得这么快

你为何为何这么奇怪

那圆圆的肚子里装着这么多的韭菜

老师说你是水仙

她说是我的想法奇怪

两个星期过后的一天早晨，大家刚从宿舍来到教室，杏儿就激动地喊了起来："老师，最小的水仙竟然结苞了！"大家哗啦一下围了过去。

"最小的水仙竟然最早结苞了！"这句话像风吹波浪一样扫过了每个孩子的心。

"老师，她和小种子一样，虽然最小，却开出了巨型花。"其实水仙还没有开花呢，有孩子就这样想象了。

"为什么最小的水仙却结苞最早呢？"孩子们又一次在思考这个问题。

可爱的百灵在晚上的写绘日记中写道：

> 今天，我们的水仙已经种下整整两个星期了。我们盼哪盼哪，终于盼得水仙含苞待放了。你知道吗？最早结出花苞的竟然是那棵最小的蒜头。我们真是太惊讶了。为什么她那么小却最先开花呢？我想，一定是她心中藏着特别特别想早点儿开花的愿望，她就使劲地吸收水分，使劲地接受阳光，所以她就最早含苞待放了。

最小的水仙却最早结出了花苞，这让多少孩子惊喜，也让多少学习困难的孩子仿佛看到了光。如果说前一次他们只是听老师讲小种子的故事的话，这一次，他们是真真切切地看到了小种子的故事。

"最小的水仙竟然最早结苞了，我要向她学习。"杏儿说。

"我最喜欢那棵小小的水仙，她最早结苞，我也比别人小，我不能落后。"个子小小的米米说。

"我虽然小，但却跑得快，和最小的水仙一样。"喜欢跑步的兰兰说。

这棵最小的水仙给了孩子们莫大的鼓舞：

> 你相信不相信
> 那棵最小的水仙最早长出了花苞
> 早晨刚到她就仰起嫩嫩的小脸
>
> 你相信不相信
> 那棵最小的水仙马上就要开放
> 她曾经是那么的小那么的不起眼
>
> 这棵最小的水仙哪
> 怀着开花的梦想
> 她一个劲地生长
> 她使劲地吸收着水和阳光
>
> 我也是一个小不点
> 我也能开出我的水仙花

在那个美妙的星期一的早晨，那朵大家期待已久的小小的水仙终于向大家展开了它娇羞的笑脸，虽然不是巨型花，但带给孩子们的喜悦却一点儿也不少。

孩子们说话的声音不由自主地小了很多，他们也变得轻手轻脚了，仿佛怕吓着了水仙，触痛了水仙。只要一下课，孩子们就围着这朵水仙，轻轻地闻一闻，静静地看一会儿，对着它自言自语地说几句话。平时文质彬彬的熙闻花时更是连大气都不敢出了，平时粗声粗气的小海说笑时声音也小了很多，小翔探着脑袋看来看去，直到老师给他和水仙照了合影才心满意足……

水仙开花啦

我们亲手种下的水仙开花啦

我们的心里也开花啦

小白说生命真是神奇

昨天还黑不溜秋的一个球儿

今天就这样亭亭玉立

小海说

大概是那天我给它浇水时的小心翼翼让她心里甜蜜

怯怯的江柳说

大概是它看我没有朋友想告诉我一个秘密

小菊和小蓉说

说不定啊是我们的牵挂让她不好意思

彤说

大概是她想出来看看我的写绘日记

皮皮和小文说

大概她是想看看我们做操时认真的样子

…………

小种子们都说了话

水仙花微笑着也开了口

感谢你们的雨露和阳光

092 班的小种子呀

你们也要使劲地吸收知识的营养

总有一天

　　　你们每个人也能开出花儿美丽芳香

下雪了，桃天老师也有话要和孩子们说：

　　　难道冬爷爷嫌北风太过凛冽

　　　他特意给我们送来娇柔的花

　　　昨天刚刚飘过羽毛一样的雪花

　　　今天水仙又露出娇羞一朵

　　　难道冬爷爷知道我们的愿望

　　　他特意给我们送来这美丽的花

　　　雪花漫天飞舞多像我们的梦

　　　水仙羞羞答答

　　　多像我在陌生人面前文文雅雅

　　养在水中的水仙一朵接一朵地开放，热热闹闹的。种在土里的水仙却迟迟不见花开，尽管孩子们每天也给它浇水。好在几个星期之后，它终于姗姗开放。

　　"为什么土里的水仙开得迟呢？"桃天老师问孩子们。

　　"因为水仙名字叫水仙哪，说明它喜欢水呀。"大家很聪明地回答。

　　"是呀，每一朵花都有它适宜的环境，得到适宜的，它就能长得更好。"

　　"你们要长得更好，最适宜的是什么呀？"

　　"吃饭，吃有营养的东西。"有孩子回答。

　　"对，吃有营养的东西可以让我们的身体很棒。但是要让我们的心灵很丰富那要吃什么呀？"

　　"书！"凯喊道。

大家都笑了，凯也不好意思地笑了。

"是的，要读书，书就是我们的头脑和心灵最好的营养，就像水对于水仙一样。"

就这样，一天又一天，在水仙开放的每一个日子里，孩子们都用自己的笔和图画记录着水仙的成长。不知不觉间，他们的小日记写得越来越好了，有三分之二的孩子都能在日记中写一段真挚美好的句子了，有些已能写出像模像样的小文章、小诗歌了。想想几个月前，班上最好的孩子也才能写出三四句短短的句子，桃夭老师知道，水仙花开了，孩子们也变了。

> 从水仙种下到今天已经整整三个星期了。老师说今天是水仙的三周生日。想想三个星期前水仙的样子，再看看水仙现在的姿态，我们不由得感叹生命的神奇！那么黑不溜秋的一个球儿竟然开出这么美丽的花来，谁能想得到呢？（小白）

> 水仙已经开了七八朵了，昨天还只有两朵呢。它怎么能开那么快呢？可真是奇妙哇！难道它们都想出来看我们？那一朵朵小花安静地站在窗台上，姿态优雅，好像在对我们点头。水仙的花瓣可真白，像月亮的颜色，花心却是黄黄的，我们同学说它有点儿像小姑娘穿的黄裙子呢。（荣）

而桃夭老师，依然用诗传达着孩子们的惊喜：

> 昨天夜晚在水仙花的世界里
> 一定发生了伟大的事情
> 要不昨天还孤零零的一个花苞
> 今天早晨怎么突然就挺着四个小小的脑袋

今天中午那个伟大还在继续

要不我出门前数来数去的四个脑袋

下午怎么就有五个排成几排

是不是那颗最小的花苞

看到了这个世界的美好

是不是那颗最小的花苞

看到了我的可爱

她用水仙的声音呼朋唤友

大家就争先恐后地簇拥而来

水仙课程第三周的第二天，中午刚吃过饭，桑急急忙忙地跑进教室："老师，皮皮今天可威风了，把四年级的学生都给镇住了……"

"到底怎么回事？"桃夭老师问。

"皮皮去上厕所，四年级那个大哥哥莫名其妙地就踢了他一脚，结果却被皮皮压倒揍了一顿。"

桑还没有说完，皮皮就得意扬扬地回来了。

"哈，我们的小英雄回来了。"桃夭老师拍了两下手，"来，和水仙花合个影吧！看看你和水仙花哪个更文雅。"桃夭老师把皮皮拉到水仙花前，拿起相机给皮皮和水仙花照了一张合影。"给水仙花讲讲刚才发生的事情吧，看看她怎么说。"

"刚才四年级那个男孩踢了我一脚，我，我，我把他压倒……"不知为什么，皮皮越说声音越小。

"皮皮真厉害，竟然能打过四年级的，如果你打不过的话肯定就惨了。"急性子的凯没等老师说什么就接着皮皮的话说。

"是呀，你打赢了，很高兴，如果你打不过他怎么办呢？桑，你说呢？"桃天老师问站在边上有些激动的桑，桑不吭声了。

"大家说说，如果皮皮万一打不过那咋办呢？或者皮皮把那个孩子打伤了又怎么办呢？大家说说吧。"桃天老师问班上的孩子们。

大家叽叽喳喳地讨论开了。

荣说："我们要像水仙花一样文雅，不能打架。"

"是呀，压倒别人很不文雅。"

皮皮脸上的得意洋洋没有了。

"那有没有什么更好的方法呢？"桃天老师问孩子们。

"找老师。"这一点孩子们倒没有异议。

"是呀，学校有制度，在有规章制度可循的地方就要依照规章制度来解决问题，在学校可以找老师，在外面可以找警察，暴力还击只有在最没有办法的时候才可以，这是最没有办法的时候的办法，是最下下策的办法。

"首先，我们自己要美好，你美好了，别人见了你自然而然也会有一种敬意，就像水仙花静静地在这儿开放，我们都会被她吸引，被她折服一样。"

桃天老师又借着水仙花写了一首童诗表达她对孩子们的期望：

水仙水仙

你真是个文雅的娃娃

喝着清清的水长大

从不调皮捣乱弄脏衣服

哪像我天天一身泥巴

回到家总是累坏我的妈妈

是不是因为你干干净净

才在这洁白的冬天开花

水仙水仙

你真是个安静的娃娃

一声不吭地看着我们玩耍

即使跳舞

也只是轻轻地晃动几下

哪像我一高兴嘴里就呜哩哇啦

有几次差点儿吓坏我的妈妈

是不是因为你安安静静

开出的花才这么优雅

12月29日桃夭老师准备了一个水仙课程的告别仪式，虽然水仙还开着，但是因为第二天就要放假了，这个课程不得不结束了。

桃夭老师和孩子们一起回顾了水仙一点一点长大的过程，一张张照片显示在屏幕上：水仙当初那黑不溜秋的样子，孩子们种下水仙时期盼的眼神，水仙长出根须，孩子们在一天天的写绘作业中写出和画出的水仙的样子，水仙的开放，孩子们的喜悦……桃夭老师的心里突然有一种异样的感觉。她也想到了自己，从刚到这个学校时的慌乱焦虑，到现在越来越舒展从容，那一刻她觉得，站在教室中的她，仿佛也和这水仙一样，也和这些孩子们一样，正在发生着什么变化。

桃夭老师给孩子讲过各种关于水仙的故事，中国的，外国的，今天她把希腊神话中关于纳西塞斯的故事带给了大家。

"你们喜欢这个故事吗？"

"太自恋了，我不喜欢。"一向自恋的凯竟然这样说。

"我喜欢，因为他本身就长得美，就应该爱自己。"马上有孩子反驳。

"你们爱自己吗？"

"当然爱了。"所有的孩子都这样回答。

"那你有没有想过应该怎么爱自己呢？"

孩子们沉默了，他们还太小，除了吃穿外可能还想不到更好的爱自己的方式吧。

"珍爱自己，让自己从里到外都散发出美好；像水仙花吸收阳光和水分那样，吸收对自己的成长真正有帮助的东西，你才能开出水仙一样美好的花，也才能有水仙的风骨。"在大家简单地讨论之后桃夭老师说。

水仙花

〔宋〕刘克庄

岁华摇落物萧然，一种清芬绝可怜。

不许淤泥侵皓素，全凭风露发幽妍。

这段旅程在这首诗中结束了，这个学期在水仙课程中结束了。

晚上，有孩子在日记中写道："马上要放假了，我们得跟水仙告别了，我真有些舍不得呀！老师说我们也像水仙一样。水仙能开花，是因为她的心里有开花的愿望，她说只要我们有开花的愿望，总有一天，我们也能开出水仙一样的花来。所以我们要像水仙一样吸收阳光和水分哪。"

"是呀，我的小种子们，只要不忘记开花的愿望，只要每天都努力，哪怕放假也要吸收阳光雨露，你们就一定能开出水仙一般美好的花来。"桃夭老师默默地对孩子们说。

儿歌声中的寒假

为了能快速地解决孩子的识字问题，激活孩子的生命状态，为下学期的整本书共读打下基础，寒假中，桃夭老师给孩子们布置的任务主要有三项：读绘本故事、儿歌和写写绘日记，当然，优秀的孩子也可以读简单的童书。

为了鼓励孩子们读书，她把教室中的书分给孩子们，还专门送给孩子们每人一本崭新的彩乌鸦系列童书。叮嘱他们赶在第一次返校日之前读完，大家再交换着读。用于儿歌挑战的书也是她从网上买来的，每个孩子三本，让孩子们在假期里读读背背，希望他们的识字量能很快地得到提升。

因为许多学习困难的孩子父母双方都一字不识，根本没有能力带着孩子读书，桃夭老师征求过家长的意见后，请家长把这些孩子送到学校，由她亲自来带。

九个学习困难的孩子中，除了小翔、莎、小创没有来外（小创的爸爸说由小创的姐姐来教他；而小翔和莎因为来校安全问题不能保证，学习和别的孩子又不能同时安排，也不得不让他们回家了），别的孩子都到校了，杏儿一个女生，和桃夭老师的女儿住在一起。其余几个男生离得比较近，每天傍晚回家。

于是从放假第二天开始，桃夭老师早上第一件事就是给全班孩子发短信鼓励他们挑战自己，而每到傍晚，孩子们的短信就会从四面八方汇集到桃夭老师这儿来，虽然只有短短的几句话，但桃夭老师就知道他们在学什么——读的什么故事，背的哪首诗。老师鼓励着孩子们，孩子们带给老师希望，师生间就这样传递着力量。发完短信，来校学习的几个孩子也大多到了，桃夭老师一整天就和这些孩子在一起了，教他们读儿歌、给他们讲故事、辅导他们学数学。

平时和大家在一起，也许是跟不上别的孩子，这几个孩子几乎是默不作声的一群，课堂上很少能听到他们的声音。而现在，也许是因为不用再跟别的孩子比了，他们心态也放松了，几个人都比平时状态好了很多。

苏铁不像平时那么结巴了，放开嗓门和大家一起读诗；顺顺像是大家拖的尾音，他读书慢一拍，但始终也跟着大家；皮皮口齿不清，但速度很快；天虎每天都会迟到，但他读的速度比别的几个快很多……有时候小海的读书声好听极了，不再像平时那样粗声粗气的，他在努力用老师教他的语气读书呢。

有一天，桃夭老师教小海读了六首儿歌，他竟然都读会了，虽然不算流利，但能读下去了，老师就特别高兴，"小海多厉害呀，你看，只要努力，潜力大着呢！"老师把喜讯发给了家长，大大地表扬了小海一番，小海一高兴，回家竟然把这几首儿歌全背下来了，还写了老师画出的重点词语。

自从放假，小海每天都会完成一篇写绘日记，虽然只有几句话配一幅图，但写的全是在学校的生活 —— 老师怎么给他补课、同学们说了什么等等，每天早上他一来就兴致勃勃地拿给老师看。其他几个人也兴致很高，大家学得其乐融融。

"其实他们每一个都是多么上进的孩子呀，我一定要努力地带好他们。"桃夭老师想。

元月十八日是假期补课的最后一天，在不知不觉间，老师已带着他们读了近百首儿歌了，也以每天最少两三本书的速度，讲了不少故事了。

第二天桃夭老师要回家过年了。

天虎的妈妈拿来一千元钱硬要塞给她，桃夭老师坚决不收："如果为了钱，我是不会补课的。"家长有些不理解地看着她。

AUTUMN
WINTER
SPRING
SUMMER

冬

几个月过去了，冬雪化了，春天来了！小鸟飞来了，太阳出来了，春雨落下来了。种子们开始长大了，它们变得又圆又鼓，有些都开始裂开来了……

我们的小种子还没有发芽呢。快呀，要来不及了！

新学期

整个寒假

我就一直在心中想着你们

怎样把每一首美妙的诗歌

变作泥土的芬芳

整个寒假

我就一直在梦中看着你们

怎样把每一个精彩的故事

变成七彩的阳光

亲爱的小种子呀

现在，我终于面对面地看着你们

看着吸收了泥土芬芳的你们

看着吸收了阳光色彩的你们

看着你们

回想着我们的过去

看着你们

注视着我们新新的现在

看着你们

想着我们美好的未来

新的学期从桃夭老师送给孩子们的这首诗中开始了。

如果说上个学期她有些措手不及、混乱不堪、经常随着感觉走的话，这个学期，她觉得自己已从容了很多，她可以静静地思考和安排新学期的工作了。整个假期，她除了带着一些孩子学习外，就在计划着新的学期应该带给孩子们些什么。

内蒙古的冬天是漫长的，窗外的大地仍然被冰雪覆盖着，但桃夭老师似乎嗅到了春天的气息。

教室重新布置过了。墙上的巨型花已经被撤下了，现在换上了蓝天、白云、湖水、天鹅和一只刚刚出壳的小鸭子。而后面那块写着"小种子知道，在它的身体里面藏着一朵花"的黑板下沿被桃夭老师贴了一行用绿色的彩纸剪出来的草丛。

开学第一天，桃夭老师给每个孩子发了一张椭圆形的白卡纸，孩子们用彩笔在上面画上了自己的头像，写上了自己新学期的愿望，然后把这些愿望贴到后面那行绿草中。

开学第一天在美好中过去了，晚上，桃夭老师表彰假期中表现优秀的孩子。

六十几天的寒假，认真的孩子竟把三本书中的二百八十多首儿歌背完了，加上他们读完的绘本和放假那一天桃夭老师送给他们的童书，这个假期的阅读量也相当可观了。

虽然也有遗憾，譬如小创只背了短短的十三首儿歌，根本没有姐姐教他，他父亲打电话告诉桃夭老师说小创天天在背的话，其实都是谎言；小翔的姐姐也在教小翔，她说每天最少教两小时，但实在一首都教不会；莎没有人教。

不管怎么样，班上大多数孩子经过上学期和这个假期的积累之后，老师带着读简单的童书应该不成问题了。

第二学期一开始，数学课就正式由汤老师来教了，原来的包班构想在现实面前只能调整了。另外，从外地调来了一个名叫简的女老师来帮助桃夭老师，桃夭老师让她主要负责辅导莎，如果还有精力也可以辅导一下小海和小创等学习基础比较薄弱的孩子。

学校中能用的老师都用上了，因为班级情况太复杂，各个孩子的程度又不同，许多孩子都需要单独来教。

桃夭老师的老公也利用每天的课外活动时间来辅导小海的数学，期望能教会他十以内的加减法。超老师专门辅导小翔。为了让小翔理解儿歌，超老师读到跪时就跪，读到跳时就跳，因为这些词在小翔这儿似乎都是陌生的；他还教小翔数学，从基本的数棋子开始，希望能帮他建立数的概念。

有些孩子的语文需要提前预习，这个工作由桃夭老师自己完成，用吃饭前后的时间，把八九个孩子聚在一起，老师把第二天要学习的课文提前带他们读一遍，再让他们轮流读，直到朗读没有问题。在午后的阅读时间里副班主任刘老师也会带着顺顺、苏铁、小创、小海等几个孩子共读一本本书。而桃夭老师从本学期开始，每天都要抽出一节晚自习，带着全班孩子大声朗读简单的童书。第一周，从《猪宝弗莱迪》开始，接下来是《小猪唏哩呼噜》《香草女巫》《好心眼巨人》，一本接一本，再加上课堂上学过的一个个绘本故事，孩子们的阅读能力在突飞猛进。

为了鼓励孩子们读书，桃夭老师让孩子们每读完一本书就过来拍照留念，她有时候也会让孩子讲讲读的故事。这一招真是灵，为了能照相，为了能给老师讲故事，大家不只在午饭后的阅读时间读书，有些孩子在课外活动时间也情愿留在教室中读书了。

班上掀起了读书热。

许多个午后，桃夭老师坐在教室中，看着阳光把教室照得亮堂堂的，孩子们拿着书，教室里一片宁静，桃夭老师的心中也仿佛装进了阳光。这是他们的幸福时光。

小海又打人了

小海又打同桌了。

小组检查时，同桌米米检查他的朗读，刚张口让他读，他就给了米米一拳。这种事情已不是第一次发生了，班上没有人愿意和他做同桌。因此他已经换了四五个同桌了。

桃夭老师把他拉过来，在他的手上狠狠打了几下："你喜不喜欢被别人打？"

他竟然说"喜欢！"，看起来还挺认真的样子。

桃夭老师哭笑不得："你喜欢被人打，我们还不喜欢打你呢，我们不愿意做不文明的人，也不愿意和不懂道理的人说话。"桃夭老师让他站在一边不再理他。

老师带着全班孩子学习新课，小海站在那儿很认真地听课。下课后，让他给小米道歉，他像个小绵羊一样听话。

桃夭老师发现，小海比较听百灵的话，在写作中也多次赞美百灵有多好，就把百灵和米米的座位换了一下，看看小海能否变得温和一些。

换座位后，小海的脾气确实好了很多，虽然对于别的孩子，他时不时地还会动手，但至少不对百灵大吼大叫，更不会出手打百灵。虽然不打百灵，但也不是完全听百灵的话，如果百灵让他干啥，他又不想干，他就躲。有一次，因为课间百灵检查他的背诵，他竟躲到操场不回来，急得大家到处找。他的课文过关之类只能由桃夭老师亲自查。

桃夭老师要求孩子们做到日日清、周周清，每周所学要全部过关，别的孩子都很努力地去完成，到周五很多孩子不但能完成老师要求的过关内容，还能挑战一些新的东西。但是小海似乎总认为过关跟自己没有关系似的。他一直自卑地认为自己不行，过不了关。为了养成他的过关意识，桃夭老师根据内容的难易对他提出不同的要求，一点一点地想尽力让他明白，只要努力，他完全可以完成学习任务，他不比任何人差。

因为他的不主动，常常会拖到周五放学后才能完全过关。

"走吧，回家再读吧。"第一次，桃夭老师正在给小海检查诗歌背诵，接小海回家的爸爸这样说。

"不行，所有的孩子都必须完成任务才能走，不要让孩子养成家长一接就可以蒙混过关的习惯。"桃夭老师坚决地提出了要求。

小海的爸爸只好又坐了下来，桃夭老师让小海把早上学的诗歌分节背给她听，一节一节，终于算是过了。

"你先出去，在外面等你爸爸，老师跟你爸爸说件事。"桃夭老师支走了小海。

"有三件事想请您帮忙。"听老师这样说，小海的爸爸一愣。

"一是我们正在给小海从头开始补数学，他没有数感，请您配合训练他数东西，后面我给您具体的方案；二是孩子吃铅笔的问题比较严重，这其实是一种心理问题，请家长帮忙纠正；三是孩子暴力倾向比较严重，动不动就莫名其妙地出手打人。"当桃夭老师说到第三点时，小海的爸爸竟然笑了。

"你是不是认为儿子这样不吃亏，挺好的？"一年级老师曾经告诉桃夭，小海的爸爸在小海上一年级时曾经到学校大闹过一场，因为小海在课堂上病倒了，他爸爸说是被老师吓的，向老师提出了许多要求，什么不能在他儿子跟前大声说话，不能让他儿子打扫卫生，他儿子做作业想做就做不想做就不做等等。让桃夭老师感到庆幸的是，小海的家长在桃夭老师面前完全不是同事描述的样子，不论是督促学习还是别的方面都很积极，桃夭老师让怎么做他都努力地在做。而小海现在也好了很多，据说在他们家，桃夭老师成了管理小海的撒手锏，当小海在家里撒泼的时候，只要抬出老师来，小海就软下来了。

所以，桃夭老师也没有太多的顾忌，很直接地告诉小海的爸爸，这样做的后果："孩子总是打人，这是非常严重的事情，直接关系到孩子长大后能否很好地跟别人交往，如果想让孩子长大后有个很好的人际交往圈，就应该纠正孩子的这种行为，教会孩子正确地和别人打交道。"小海的爸爸不笑了。

　　"孩子的暴力倾向大多是家庭影响的结果，暴力产生暴力。希望家长不要再打孩子，不要总说孩子不行，尤其不能说他不如他弟弟，家长闹矛盾的时候也不要当着孩子的面，我们教育孩子要文明，我们首先要文明啊……"桃夭老师听说过这边许多家长当着孩子的面动刀动斧地打架，所以又加了这一句。她觉得自己都有些婆婆妈妈了，但是，有什么办法呢？她要教孩子，也要教家长啊。

天空在脚下

"杏儿，生日快乐！"上午第四节课，当老师在投影上出示这句话并笑眯眯地看着杏儿时，杏儿的眼睛一下子亮了，脸庞也一下子变得光亮起来。

过生日，是孩子们的大事，他们数星星盼月亮地算着自己的生日，甚至会提前好多天提醒老师，因为桃夭老师会给每一个过生日的孩子送一个故事，一首诗。桃夭老师会让每一个孩子在这一天成为焦点，让他们觉得自己的出生意义重大。但杏儿一直沉默不语。

杏儿在教室中也常常沉默，除了常常和小菊在一起外，和别人都保持一定的距离。"杏儿特别爱生气，在宿舍做错任何事我们都不敢说一句，一说她就又哭又闹的。"前两天宿舍长荣还很苦恼地对老师说。

今天过生日，她仍然这样，一脸冷漠，似乎没有任何期待。

桃夭老师送给杏儿的故事是《天空在脚下》，这是一个关于梦想、热爱与坚持的故事。书中那个叫米瑞的女孩，通过不懈的努力，终于稳稳地站在绳索上，在星光下横跨夜空，光彩照人。

讲完了这个故事，桃夭老师把诗中小女孩的头像换成了杏儿的照片，那站在夜空中钢丝上的现在是杏儿了，正在向大家微笑呢，教室中的杏儿也笑了，她仿佛看到了成功后的自己。像给别的孩子送生日诗一样，桃夭老师讲完这个故事后，结合着这个绘本故事又写了一首诗送给了杏儿：

天空在脚下
—— 送给杏儿的生日诗

杏儿啊杏儿

亲爱的杏儿

在数学钢丝上练习的杏儿

在语文钢丝上练习的杏儿

在各种各样的钢丝上练习的杏儿啊

踩上钢丝从此不愿意踩在地上的杏儿啊

踩呀踩呀

练哪练哪

眼睛不东张西望

心里只想着脚下

想着目的地

摔倒也不怕

跌下来不怕

就这样就这样

眼睛不东张西望

心里只想着脚下

想着目的地

亲爱的杏儿啊

就这样往前走吧

总有一天

星空会为你闪耀

你会飞翔在云端

梦想的天空会在你脚下

老师送诗，孩子们也送自己的祝福给杏儿，大家在老师发给他们的粉红色的心形卡纸上用一颗颗真诚的心祝福着杏儿，小白写道：

杏儿啊杏儿

眼睛像葡萄的杏儿

眼睛像星星的杏儿

我们的水仙刚种上时光秃秃的

后来就开花了

只要你安静地成长

你也会开出美丽的花

只要你努力练习走钢丝

天空也会在你的脚下

孩子们现在送给同伴的诗已经有一定的文采了。

许多孩子都学着用文雅的句子来表达对杏儿的祝福了。

而杏儿，脸上呈现出一种平时没有的光彩。她的眼睛看起来水汪汪的，明亮了很多，灵活了很多。下课后，她幸福地给大家晒她收到的贺卡，孩子们围着她羡慕着。

桃天老师坐在教室前面，看着杏儿一脸幸福的样子，心中也暖暖的。"嗯，要尽可能多地去关注每一个孩子，要多一些这样美好的时刻。"她告诫自己。

去食堂的路上，杏儿第一次主动跑过来，拉着桃天老师的手叽叽喳喳地说起她家里的事情。

家访

周末，天气稍微暖和一些了，学校组织老师们去家访。因为孩子们住得太远，学校统一组织了两辆车载着大家一起去。这次家访的对象主要是住在一个镇上的孩子。到镇上后，大家各自行动。

各个班主任分别联系自己班的家长，很快有车的家长来接走了自己班的老师。桃夭老师班上住在这里的孩子没有一家有车，最后，岐的妈妈用电瓶车来接桃夭老师，桃夭老师终于也到了村子里。

先去的是岐的家，几间平房，里面有一间灶房，一间卧室，中间可能是客厅吧，也支着一张床，岐趴在床边写作业，看到老师来了腼腆地笑。他妈妈每天早早就要去别人的肉铺打工，爸爸在外面替人家开车，假期的时候，岐经常一个人在家。据说是做一会儿作业，看一会儿电视，再出去玩一会儿，但因为他比较内向，镇上孩子也少，一般情况下也玩不了多长时间就会回来。

江小鱼的家离岐的家不远，岐带着老师走过去。

远远的，江小鱼看见老师来了就跑了过来，脸上红扑扑的。他家的布局和岐家差不多，但是更整洁。墙边是江小鱼的小床，上面贴的竟然是上学期期末庆典时桃夭老师发给江小鱼的生命奖，还有平时发的各种鼓励的奖状。房子中间多了一张大桌子，上面放着一张板，江小鱼的爸爸说那是江小鱼妈妈的工作台。原来，江小鱼的妈妈靠擀豆面补贴家用，每天要早早地起床，在这张桌子前辛苦一天又一天。他的爸爸平时没有工作，逢年过节时给别人杀猪宰羊挣点儿生活费。江小鱼还有一个哥哥，正在上高中。他爸爸说这房子是租的，他们都是从原来的牧区搬迁到镇上来的。

从江小鱼家出来，桃夭老师又走访了小米和蓉的家。几个家都大同小异。如果说这四家虽然不富裕但也过得去的话，小菊的家就不那么让人平静了。

孤零零的单独在一处，破破旧旧、斑斑驳驳，有些像废弃的破房子，这是桃夭老师从外面感受到的小菊家的样子。桃夭老师个子不高，但进入小菊家的门的时候，还是不由自主地弯下腰来，不知是门太低还是里面的光线太暗给人的感觉太压抑的缘故。小菊不在家，和妈妈去逛集市了，小菊的爸爸坐在沙发上，沙发上堆满了东西，好像整个房间中都堆满了杂物，沙发的对面有一张木板床，床上铺着破旧的床单。房中最明亮的是小菊的一件丢在沙发上的黄色衣服。房子分为里外两间，小菊的爸爸坐在外间，虽说是外间，但仍然很昏暗。小菊的爸爸个子很高，特别瘦，也许因为房中光线太暗，显得这个男人越发苍老。看到老师来了，他有些局促，找了一个小凳子让老师坐下。桃夭老师坐下后，一眼看到里间去，那里更是昏暗，更是杂乱。

桃夭老师突然明白了为什么每次放假结束后小菊来学校的时候就显得没有半点儿生机了，在这样黑咕隆咚的房间里待久了，人怎么能明亮起来！

"你好像不是这里的人，我听你的口音好像不是这边的？"桃夭老师问小菊的爸爸。

"我是河北人，到这边来打工。"

"你做什么工作呀？"

"我不识字，只能给别人帮点儿零工，有时去工地上，有活儿时就干，没活儿时就待在家里。"

"那这个房子是你到这边买的？"

"不是，是租的，一年一千七百元。"

桃夭老师想起小菊的样子，一阵心疼。本来打算照几张相的桃夭老师，看到小菊家这个样子，终于没忍心掏出相机来。

从小菊家出来的时候，已快到傍晚了。而杏儿和小翔的家离这里还有四五十里路。他们都是现在还没有能力搬到镇上的家庭，打电话过去，家长说太远，无法来接，学校的车也要返程了。即使没去他们家桃天老师也基本能想象出这两个家庭的样子了，应该不会比小菊的家更好，平时在班上就可以看出来。

桃天老师只好返回学校了。

学校正好有贫困资助项目下来了，要家长写申请，桃天老师发出通知后，小菊的爸爸让别人替写了申请：

尊敬的校领导：

　　我没有固定收入，女儿小菊又是我收养的一位孤儿，多年来生活在贫困的环境中。为了不影响孩子上学和生活，特向学校申请贫困资助，希望学校能批准。

申请人：＊＊＊

＊年＊月＊日

桃天老师看着申请书，眼前不断闪现出小菊那梦一样的眼神。

杏儿的爸爸也提交了贫困申请，还有顺顺、苏铁等几个男生的家长。因为名额有限，这几个孩子桃天老师实在不知道应该放弃哪一个，就把情况都报告给了学校，由学校来决定吧。

两个好朋友

　　孩子们周日返校后，让桃天老师大吃一惊的是杏儿头上那两个总是歪歪扭扭的小鬏鬏被剪掉了，现在杏儿的头发就像刺猬的刺一样支棱在头上，长短不一，坑坑洼洼。

　　杏儿很黑，小脸被草原上的风吹得黑红黑红的，配上这样的头发，真像个小叫花子了。

　　"谁给你剪的头发？"

　　"我妈妈，她嫌给我扎头发麻烦。"

　　"告诉你妈妈，以后你的头发由老师来剪，让她不要再给你剪头发了。"

　　"我妈妈平时不管我的，有时她跑了几个月都不回来的。"杏儿似乎毫不在意地说。

　　"老师，你知道吗，我奶奶可疼我了，我回家后就跟我奶奶住在一起。"

　　"没有别的小伙伴和你玩吗？"

　　"我们家那个地方只有两三户人家了，全是老人，就我一个小孩。"

　　"那平时你回家后干什么？"

　　"放羊。"

　　"现在不是不让放羊了吗？"

　　"我们都在晚上放，白天就把羊圈在家里。"

　　班上以养羊为生的家庭还有好几个，大概也都是这样的情况，尽管当地政府一再禁止在草原上放牧，但牧民为了省钱，仍是屡禁不止。

　　杏儿是班上离学校最远的孩子，大概八九十公里，每次来校都不容易。每次家长会，杏儿的爸爸都会迟到。这个刚过三十但看起来像有五十多岁的瘦小男人说起话来总是带着一脸卑微的笑。

杏儿是女生中阅读能力最弱的孩子，读书时声音脆脆的，很好听，但一问意思她全然不知道读的是什么。从这个学期开始，桃夭老师已有几个周末把她留在学校里让她和女儿住在一起以便带着她读书、写作业了。

杏儿最好的朋友是小菊。两个人一年级时同在她们住的镇上上小学，同班的还有几个女孩子，但她们似乎都不太和她俩来往。

小菊对人的外貌很在意。上次有一位老师到小种子教室来，小菊竟然说："老师，你好搞笑哇，头上长了那么大一颗痣。"而那颗痣，桃夭老师原先压根就没有看见。

当桃夭老师见到小菊的妈妈时才知道小菊为什么对脸上的痣特别敏感，她的妈妈就是报名第一天桃夭老师看到的那个半边脸是痣的女人。因为小菊和杏儿是第二天才到小种子教室的，桃夭老师并不知道那个有痣的女人就是小菊的妈妈。小菊的五官长得很好看，如果笑起来的话眼睛也会亮亮的，但是更多的时间，她眼光总是朦朦胧胧的，仿佛做梦一般，呆呆地不知在想啥。小菊多次在写作中提到妈妈："虽然我妈妈长得不好看，但是我很爱她。"桃夭老师能读出她心底的另一种声音。

小菊个子高，但是特别瘦，经常坐着坐着就睡着了，听课时也常常像在做梦一样，学习成绩可想而知。

自从上次家访后，小菊竟然也提出周末想和杏儿一起留在学校补课了。

从此，周末时桃夭老师的身后就常常跟着这两个女孩子，或者在操场散步、玩耍，或者在教室中读书、写字，或者和桃夭老师一起在乒乓球室打乒乓球。两个姑娘的关系越发地亲密了。

一天，课间休息时间，桃夭老师刚上完课坐在椅子上歇息，兰兰就急急忙忙地跑进来："老师，杏儿把小菊绊倒了，把小菊的门牙磕掉了！"

桃夭老师急急忙忙跑出去，小菊捂着嘴在哭，杏儿手足无措地站在一边。

"怎么回事？"

"我正在前面走，杏儿在后面走，她想和我比谁走得快，但走不过我，就伸脚拦了一下我……"小菊捂着嘴边哭边说，杏儿站在一边不吭声。

桃夭老师一看，小菊的两颗门牙都只剩下一半了。

这下麻烦了，桃夭老师听说过有人因为门牙的纠纷索赔几万块的。她赶紧给双方家长打电话商量如何处理这件事情。但两方的家长似乎都不太着急，杏儿的爸爸说他明天过来，小菊的妈妈也说明天过来带孩子去医院看看，只要医生说不要紧就行了。因为第二天就是星期五正好接孩子回家，他们不想额外地跑一趟。

星期五下午，杏儿的爸爸没有过来，杏儿坐校车回去了。小菊的妈妈一个人带小菊去医院检查。她打电话给桃夭老师："因为小菊感到牙疼，医生说怕伤着神经，所以说要三个月后再去复查，还说补一颗牙最起码得两千多，好一些的是五千。"

"好，你问一下不同档次补牙的价位，等杏儿的爸爸过来后大家一起商量看看怎么处理。杏儿的家庭经济情况你也知道的，不比你家好。"桃夭老师再三跟小菊的妈妈说。

"我知道，我不会胡说，商量着把事情解决掉就行了。"小菊的妈妈倒通情达理。

桃夭老师打电话给杏儿的爸爸说明了情况。

"什么？一颗牙要二三千？哪里会有这么多？"杏儿的爸爸马上就叫了起来。

"现在医院说是这个行情，你可以去医院问一下情况再跟小菊的妈妈商量怎么处理。"

"杏儿说她没有碰小菊，你当时为什么不给我打电话？"杏儿的爸爸的这一句话让桃夭老师大吃一惊。

"刚出事我就打过电话给你呀？"桃夭老师想不到他会这么说。

"没有，你打电话说的是别的乱七八糟的事，你拿什么证明是我家杏儿绊倒她的？谁看见了？怎么就不是小菊自己摔倒的？或者别的小孩子绊倒的？在你们学校碰的，你们学校的责任呢？"几千元让一个平时看起来毕恭毕敬、唯唯诺诺的人立马换了一副模样。

"学校自会承担学校的责任，但是你作为父亲也不能这样不讲道理！不想承担责任可以，但不能颠倒黑白！"桃天老师也生气了。连着几个学期，班上的贫困资助名额都给了杏儿，每次领钱时，杏儿的父亲千恩万谢的，现在说变脸就变脸了。

"反正，我要放羊，过不去！"

周一，孩子们返校了。

桃天老师重新对此事进行取证。

先让杏儿陈述事情的经过，录音，并形成书面材料。

再让小菊陈述事情的经过，同样录音，形成书面材料。

两人叙述的事实基本吻合。

再让经过的兰兰和百灵把看到的情景写下来。

桃天老师问杏儿："你周末为什么回家跟爸爸说不是你把小菊绊倒的？"

"我没有这么说，我只对爷爷说了我把小菊绊倒把她的牙磕掉了，我爸爸那天喝了酒，妈妈跟爸爸生气又回姥姥家了。"杏儿一脸无辜与单纯。

等把所有的证据收集齐，桃天老师再打电话给杏儿的爸爸。

"哦，桃天老师，我那天喝了酒，胡乱说话，你别生气。"他的态度又来了一个一百八十度的大转弯。

然而，星期一他说没空。

星期二他说没空。

星期三也没有空。

"我要等到十八号之后才有空……"电话中杏儿的爸爸说，而十八号是本学期的最后一天，就等到那一天吧。

期末庆典，所有的家长必须到校来接孩子，杏儿的爸爸也来了，庆典结束后桃夭老师、杏儿的爸爸和小菊的妈妈三个人终于坐在一起谈这件事了。

"我不去医院，我一千元都没有，五百都没有……"杏儿的爸爸直接这样说。这种结果既在桃夭老师的意料之外又在桃夭老师的意料之中。

小菊的妈妈很无奈，桃夭老师也无可奈何。

但补牙的钱总要想法多少给一些的。

正好学校收到了一笔二千元的赞助，校长就把这笔钱给了小菊。桃夭老师能做的，就是每个学期尽可能给小菊提供她所能提供的资助。

医生说，小菊的牙要等十六岁之后再补，现在也只能这样了。

许久之后，杏儿在日记中写道："我把小菊的牙磕掉了，每次看到她笑的时候缺两颗门牙我就特别难受。"因为这句话，本来不打算再给杏儿补课的桃夭老师在每个假日又尽可能地给杏儿补课了，她知道，孩子是纯真的，她不希望孩子长大之后成为家长的样子。

一落千丈

因为下雪放了两天假。

两天后的下午刚过两点，百灵就蹦蹦跳跳地来学校了。

"老师，我爸爸妈妈离婚了。因为妈妈下午要来，我爸爸就提前把我送到学校来了，我和弟弟都判给了爸爸，我也想跟爸爸。"看着百灵甚至有些兴奋的脸，桃夭老师心里一阵疼痛，"傻孩子，还不知道这对你意味着什么呢。"

"哦，离了就离了，爸爸还是爸爸，妈妈也还是妈妈，他们都会像原来一样爱你的，你别伤心。"桃夭老师早就听说过百灵的父母一直在闹离婚。

"我不伤心，我觉得妈妈还在，好像没离开一样，还不用吵架了。"百灵说。

"嗯，吵架他们也痛苦，这样也好。"桃夭老师说。

百灵回到座位上去看书了。

一周之后，百灵无精打采地来到学校，除了潦潦草草地写了一篇日记外，数学英语等都没有做。要知道，自从二年级开始，百灵的作业一直是班上的榜样作业。二年级做写绘作业时，她画的那些画可以说每一幅都是那么美妙。有一次国庆节假期，她把自己每天的生活全部用图画表现了出来，像一本小小的连环画一样，美妙极了；后来会写文字了，她的语言总是那么纯净可爱，那么打动人心，她成为了班上公认的小作家。她自己也常常很自豪地说自己的梦想是将来当个作家。而今天，她的作业一落千丈，比最差的作业都不如。

以前每一次，她的假期作业反馈单上，妈妈都会用清秀的字体认认真真地写上百灵周末在家的表现；而这次，反馈单上一片空白。

"百灵啊……"看到百灵红着的眼圈，桃夭老师到嘴边的话又咽了回去，按平时，这样的作业肯定是要重做的，但这次，桃夭老师没有说什么。

傍晚时分，桃夭老师的女儿放学到教室来拿钥匙，百灵突然就趴在桌子上哭了。桃夭老师走过去："怎么了？"其实老师知道她为什么哭，但不知该说什么好。

百灵不吭声，抱着老师大哭。

晚上她在暮省中写道："老师，我的世界是一座房子，妈妈走了，房子塌了，现在，我只剩下一堵破烂不堪的墙壁。老师……我多想变成大姐姐呀，学习好，长得好，还有个好妈妈。"

这几天，桃夭老师正带着孩子们共读《特别女生萨哈拉》，讲到萨哈拉的妈妈时，百灵脸上的表情让桃夭老师不忍直视。百灵的愿望和萨哈拉何其相似：希望妈妈（爸爸）回来，想成为作家。

上写字课时，桃夭老师放了一首竖笛曲让大家边听边写字，平时也会这样放一些宁静柔和的曲子，而这一次，百灵写着写着突然就哭了。她写了一张纸条给老师："老师，您放的这首曲子，让我想起了我的妈妈，我想见我妈妈，但是他们都不让我见，我妈妈上次回来要拉我走，他们也不让……"

桃夭老师心里很矛盾，跟她爸爸说这件事吧，一个老师掺和到学生的家事中不太好；不说吧，看着百灵整天哭哭啼啼的，无心学习，她心疼又着急。思量再三，她给百灵的爸爸发了个短信：

百灵爸爸，您好：

傍晚听竖笛曲时，百灵突然趴在桌子上大哭，问她，她一声不吭，后来又抱着我哭。晚上又对我说她想见她妈妈，但是你们都不让她见，孩子边说边哭……作为老师的我很难过。在一般的大城市，父母哪怕离异，也会从孩子成长的角度考虑，尽量让孩子同时感受到父母双方的爱，让孩子定期见父亲或母亲的。

　　况且百灵正处在需要母爱的年龄，如果一直不让她见妈妈，恐怕对她成长不利。我建议您最好能想个万全之策，把这件事带给孩子的伤害减到最小。发这个短信不知恰当不恰当，如有不当之处，请您谅解一个老师的心。

很快百灵的爸爸打过电话来了："不是我不让见，是她妈妈不想见她。"

桃夭老师知道他在说谎："那她妈妈的工作我来做。"

"那不行！绝对不能让她妈妈接走百灵。百灵和她弟弟都是判给我的，我是监护人，她要见必须征得我的同意。"桃夭老师无话可说了，桃夭老师知道，百灵的弟弟生下来才刚满月，百灵的父母就离婚了。

不久之后的一天傍晚，百灵的妈妈来到学校，晚上想接百灵去和她住一个晚上。因为她不是监护人，只能打电话征求百灵爸爸的同意，但是没有谈成，她妈妈放下给百灵买的新靴子哭着走了。百灵穿上新靴子，站在教室窗前看着妈妈离去的身影哭，看不见妈妈了又出去坐在楼梯上哭，直到桃夭老师去找她，她又抱着老师的肩膀哭。

晚上桃夭老师经过百灵桌前时，发现她的桌子上放着爸爸妈妈的婚纱照。

桃夭老师只能用各种方法来安慰、鼓励百灵。

"其实，不管你妈妈在哪里，她都爱着你。当你不能改变爸爸妈妈离婚这件事的时候，你唯一要改变的是自己，让自己变得更优秀、更强大，等你有能力了，你就有力量表达你对妈妈的爱了，你想见爸爸或者妈妈，都没有人能拦着你了。"

"人在世界上要经历很多的苦难，有些人迟一些，有些人早一些。很多人会被苦难打倒，也有很多人能打倒苦难，战胜苦难的人最后都会成为最优秀的人，老师希望你成为优秀的人。"

但是百灵的周末作业仍然一塌糊涂，常常其他作业都不做，只写一篇日记。

发短信给家长总是得不到回复，一问百灵，她就哭："自从妈妈走后，我觉得除了写日记外别的作业都没有了意义。"

桃夭老师有时也很生气，告诉百灵："任何事都不能成为你不上进的借口！你不能因为爸爸妈妈而把自己的人生赔上！""父母离异的孩子很多，但自强自律的孩子也很多！"桃夭老师多么希望百灵能像萨哈拉一样明白，虽然不能改变父母，但是努力让自己变得更好则是一定可以做到的。

百灵的生日到了。

今年，桃夭老师给百灵选的生日故事是安房直子的故事。二三年级的时候，桃夭老师送给孩子们的生日故事大多是绘本故事；自从上了四年级，她就有意识地选一些更长更有意味的故事给孩子了，有时，她也会选一些名人的故事送给孩子们，想让这些名人成为孩子们的榜样，指引着他们向前走。

因为百灵喜欢安房直子的作品，写出的东西也很有几分安房直子的风格，再加上安房直子特殊的身世，桃夭老师觉得，送给百灵安房直子的故事正好合适。

"安房直子从小是由养父母带大的，"桃夭老师深深地看着百灵，"但她从来没有抱怨命运的不公。她把所有的一切都化成了轻灵纯净的文字，营造出一个个美妙的世界，让我们流连忘返……"之所以突出这一点，是为了百灵，让她明白生命中一切的不幸都需要去战胜，进而把它们化成生命的营养，而不是被它打败。聪明的百灵也明白了老师的心意，整个上课的过程，她都坐得端端正正的，脸上充满着一种庄重。桃夭老师甚至都能感觉到她在默默地给自己承诺。

桃夭老师又给孩子们讲了安房直子的创作心得：阅读和写作的竞走。

可以说从二年级接手，桃夭老师就在着力培养孩子们的阅读习惯，营造班级的阅读氛围，如今，孩子们大都爱上了阅读，也开始能写出美妙的文章了，百灵、小米等十几个孩子都有了自己的作家梦。阅读和写作，本来这二者就是相辅相成的，不断地读，不断地写，一天一天，孩子们就会不一样的。安房直子十九岁正式开始创作，谁敢说在小种子当中就不能出现十九岁也开始创作的呢？孩子们的眼中充满了憧憬，桃夭老师的心中也是。而作为有作家梦的百灵，作为写作能力一直在班上遥遥领先的百灵更应该为自己的梦去努力呀！也许当她真正地投身于阅读和写作的竞走中的时候，也就能从家庭带给她的痛苦中走出来了。

花匠

小翔生病了，需要做手术。桃夭老师刚刚带他复习了上学期所学的生词和儿歌，正要进入这学期新内容的学习时，他生病了，回家整整休养了一个月。

病好后返校的第一天早上，桃夭老师从楼上下来时，看到小翔趴在楼梯口的栏杆上，猫着腰。

"怎么了？哪里不舒服？"

"我手麻腿麻，难受。"因为他刚刚做过手术，桃夭老师不放心，就打电话给他姐姐。他爷爷很快过来接他回去了，但下午又送了过来。

"我肚子疼。"第二天，小翔又说。他爷爷又接他回去，下午又送了过来。

"我的几个孙子，别的都很好，就这个不成器！"他爷爷气冲冲地在办公室中对几位老师说。

第三天，小翔的头磕破了，说是在宿舍站起来时不小心磕在窗户上了。桃夭老师打电话给小翔的姐姐，没人接电话，打电话给他的父母，也不接。其实自从前面小翔跑过几次之后，因为互相听不懂对方的话，小翔的父母就不再接老师的电话了，这几年来关于小翔的一切事情，桃夭老师只能找小翔的姐姐。

联系不到家人，正好下午桃夭老师没课，她就让学校老师开车送她和小翔一起去医院。伤得并不严重，医生给小翔简单处理了一下伤口之后，小翔戴了顶小白帽回到了学校。桃夭老师依然联系不上小翔的家人。

下午他姐姐终于回过电话来，了解了情况后对桃夭老师说："我弟弟从小就爱说谎，前几次回家后他身体好好的，他有些不想上学了，不能给他养成这个毛病。"

桃夭老师明白了。

小翔做手术前的一天晚上，说肚子疼，不能跟超老师学习了。桃夭老师给超老师打完招呼回来时，发现小翔正和蓉说闲话，一脸欢笑，看到老师进来马上趴在桌子上脸上装出一副痛苦的表情。

这几天大概又是如此。

也难怪，这么长时间以来，小翔总是前学后忘，实在太艰难。桃夭老师一个学期下来，也仅仅只能教会他七八首极简单的儿歌和五十来个词语。其实教过的不少，最后留下来的也就这么多了，假期回家再忘一些，来后更是所剩无几。这次生病一个月，情况更是可想而知。坐在教室中什么都听不懂，任谁都难受，更何况是一个孩子，桃夭老师理解他的难受。

果然，午休时，别人听评书，小翔又发出难听的呻吟声，桃夭老师去宿舍看孩子们时正好看到了，就故意批评他，想看看效果："不许哼哼，我不会打电话给你的家人，你也别想回去。"小翔果然不哼了，下午到晚上再没有说难受。

但又有了新状况。

在上数学课之前，找不到小翔，课上到一半的时候，小翔来了："老师，我的裤子烂了，要回家去换裤子。"

桃夭老师一看，他的裤子上的那三条长缝，明显的是用剪刀剪的，就问："裤子怎么破了？"

"下楼时楼梯上有钉子，划破了。"

"你不用欺骗老师，楼梯上没有钉子，老师看出来这是用剪刀剪的，你是不是想让老师给你家里打电话让家人接你回去呀？"他不吭声了。

"你从哪里拿的剪刀？"

"家里拿的。"他嗫嚅着。

"老师知道你上课听不懂难受……"他的眼圈有些红了，桃夭老师的心里有些发酸。

"你放心，老师会想办法的。"说这话时，桃夭老师不知如何形容自己的心情，"我真的可以让他放心吗？"她问自己，心中充满着愧疚。

这种情况反映到学校后，校长让桃天老师征求家长和小翔的意见，共同商量解决办法。学校给出的建议是确定好哪些课小翔可以学会，哪些课完全学不会，那些总学不会的课上课时就由学校教科学的刘老师负责教小翔养花，教他一技之长。毕竟读书不是唯一的出路。

和小翔的家人及小翔商量之后，很快就达成了协议。上数学课时小翔就去学种花，别的课让他先跟着听，能学多少算多少。桃天老师也重新制定了适合小翔的课程，不再教他儿歌，毕竟他已不太适合学儿歌了，就教他日常用语，全找他熟悉的事情写成短文，教他读，再在里面挑出常用的字词让他学习。桃天老师希望有一天，小翔能有一定的识字量，能认识和他的生活息息相关的一些词，至少能解决生活中的基本识字，应对基本事情。

我爱我家

我叫小翔，我家有六个人：爸爸，妈妈，爷爷，奶奶，姐姐，还有一个就是我。爸爸妈妈工作很辛苦，他们养羊杀羊，我回家常常帮他们放羊；爷爷奶奶年龄很大了，我有时要帮他们干活；我最喜欢我姐姐，我姐姐也很爱我，她常常给我买东西，她告诉我要好好念书，将来才能工作。我爱我家中的每一个人。

我喜欢我们的学校

我很喜欢我们学校的食堂。食堂中的饭每天都不一样，而且都很好吃。早上有稀粥、包子、鸡蛋、饼子、馒头；中午有各种炒菜，我喜欢吃猪骨头烩酸菜，也喜欢吃牛肉和鱼。不过鱼吃起来有些麻烦，不小心就会被鱼刺扎了。我也喜欢吃绿色蔬菜。晚上的饭和中午的差不多，也很丰富。我在学校过得很幸福。

我爱种花

我每天有空就跟着刘老师去学种花，刘老师教我怎样放种子，怎样放土，怎样浇水，怎样施肥。我的花种得越来越好了。我很喜欢种花，我们教室中有几盆花是我种的，花房里我也种了不少花，它们开得真好看。我喜欢种花，长大后我想当一个园丁。

我喜欢写字

我喜欢写字，在每天的写字时间，我都认认真真地写，老师教给我笔画后，我就用心地写。有时候，我写的字很漂亮。有一次，老师表扬我说我写的比皮皮写的还漂亮，我很高兴。每次我都边读边写，我要读会老师教我的字，也要写会老师教我的字，这样我就可以读书写文章了。

…………

这样的教材一教就是几年，学得虽然慢，但小翔有兴趣。美中不足的是，桃天老师给他打印的教材，他每周都喜欢带回家，但常常带回去就带不回来了，桃天老师要同时准备好几份以备不时之需。

云中漫步

搬到新校区后，学校不但开设了竖笛课、舞蹈课，而且要举行小桥歌会了。

那个教学楼内的大天井，经过干校长的改造，有了假山，有了瀑布，有了空中花园，也有了小竹桥上的小小的舞台。每周一次的小桥歌会就在这个舞台上举行。

元旦就要到了，第一次小桥歌会也要正式演出了。学校发出通知后，每个班都开始准备节目。小种子教室第一个节目表演什么呢？

桃夭老师想了想，把江小鱼叫了过来："元旦时学校要举行小桥歌会，你的嗓子那么好，要不要上去给大家展示一下呀？"

江小鱼的嗓子确实很好，他喜欢给大家读诗，给大家讲故事，他也喜欢唱歌。记得二年级时那首很难的《螃蟹歌》，大家都学不会，但江小鱼很快就学会了。

上次，桃夭老师给大家放电影《放牛班的春天》，当电影中的小男孩天籁一般的歌声响起的时候，江小鱼竟然激动地哭了。

这个可爱的男孩，第一次能用文字介绍自己的时候写道："我最自豪的是我有一双闪闪发亮的大眼睛。"桃夭老师也喜欢他闪闪发亮的大眼睛，睫毛长长的，虽然不是双眼皮，但透着机灵的光。每次上课，他都热情高涨，眼睛发亮，听到高兴处就会咯咯地笑起来、声音脆亮地喊起来。但也是这个小家伙，精力过盛，很不安分，和同学相处时经常打架。上次数学课学校组织教研活动，在课间的那十分钟里，他和小创为一点儿鸡毛蒜皮的事竟打了起来，被校长录了像，留了底，成了大家的笑料。

现在，给他一个展示的机会，让他把过盛的精力转移一个方向也挺好哇。

听到老师让他唱歌，欢欢喜喜跑过来的江小鱼一下子愣住了："可是，我不知道唱什么。"

"老师选一首适合你唱的歌，你周末学会，下周再练一练，把歌词背下来，元旦时上场，行不行？"

"什么歌？"

"我让大姐姐教你一首英语歌，迪克兰的，你的嗓子和他的很像，保证你能唱得很好。"

他的脸一下子放出光彩，又有些忸怩地说："大姐姐教我？"自从那次桃夭老师给大家读过她女儿写的文章后，他就很佩服桃夭老师的女儿。

"周末，你留在学校，大姐姐放学后就教你，行不行？"

"简直太棒了！"江小鱼兴奋的脸上放射出光彩。不知从什么时候开始，许多孩子把周末留校当成了一件很荣幸的事。

给江小鱼的爸爸打电话征求他的意见，他也求之不得。

桃夭老师选了几首迪克兰的歌给江小鱼听，最终确定下来学习《walking in the air》。

她打印好歌词，女儿来教，江小鱼认真地学，两天时间除了做作业之外，许多时间都花在了这首歌曲上。周日结束时江小鱼终于学会了这首歌，而且主动写了一篇日记拿给桃夭老师看：

愉快的周末

这个星期天我没有回家，在学校练钢琴和唱歌，这些都是我得到的额外奖赏。

星期天老师教了我许多新东西，都是我喜欢的。还在他们家里给我做饭吃，这也是我得到的额外奖赏。

大姐姐也有功劳，她用她美声歌手般的嗓子，教会了我一首英语歌，名字叫《walking in the air》（云中漫步）这也是我得到的额外奖赏。

每天，我一想起老师住的那个小宿舍，就很烦恼，很难受。不过，这只是暂时的，因为，老师住的地方还没有修好。明年，所有的老师就再也不用住在那狭小的盒子里了。

每天，我看着老师跑去宿舍做饭，心里非常感动，因为我想最主要的原因是怕我不吃饭饿着，一定是这样的。

每天，都会有几个老师问我为什么没有回家，我就说："老师让我留下来练唱歌，练钢琴，然后教班里的同学。"别的老师就夸我。

我也要让他们看看，我一个星期天的进步有多大，让他们看看我有多棒。

电视中那个江小鱼是个好人，是为了正义而战的英雄。我这个江小鱼，是一名为中国人民争光荣的歌手。我要让美国英国许许多多国家的人过来听听我唱的英文歌和中文歌，我要让他们看看，中国也有唱英文歌的人，而且是个超强英文歌手。

当我能写英文作文的时候，我就要开始写英文歌，等我到了十八岁，我要是能唱会写，我说不定就成了真正的歌手了呢？

如果我下个星期还能留下来，我会用我的一切时间去认真地练习，让桃天老师看到我是一个音乐高手。每天，我都要非常痴迷地练习，我要把老师教给我的一切都表演给老师看。

大姐姐是我的偶像，我要把她当成我的英语老师，让她一首一首地教给我许多英语歌曲。

我每天也要认真地读英语，复习英语课文，还有英文歌。每天，我都要努力。在我的心里，永远都有许多我崇拜的歌手在陪伴着我！

老师、大姐姐和我，我们三个就是吉祥三宝。

然后就是练唱，背诵歌词。又一个周末，桃天老师让江小鱼回家去练习，下周就要演出了。

"老师，这个周日我在家里非常认真地背会歌词了。现在正在练习让自己的声音更好听！"江小鱼发短信给老师。

"好，加油！你可要代表我们班哦！"老师鼓励他。

"没问题！！！我一定会加油的！"他回复道。

元旦很快到来了，小种子教室的孩子们表演的是第五个节目。

不说江小鱼，连桃天老师都有些紧张。她怕江小鱼一紧张不愿意上场，因为以前让他在班上表演时就出现过这种情况；她也担心江小鱼上场后怯场不敢唱或者忘了歌词。

她紧紧地握着江小鱼的手："记住了吗？要大胆地去唱，你的歌声特别好听，大家肯定会喜欢的。"

"嗯。"江小鱼低声答应道，他一个人跑到舞台那儿准备上场了。桃天老师和吃着棒棒糖的小种子们站在二楼往下看。

江小鱼上场了，虽然有些拘谨，但终于上去了。他站在台上一动不动，头上戴着的帽子似乎也失去了该有的活力，但是他一开口，世界完全变了：

> We're walking in the air
> （我们在云中漫步）
> We're floating in the moonlit sky
> （我们漂浮在月光照耀的空中）
> …………

江小鱼纯净空灵的歌声从小桥上飞起，桃天老师感觉自己的心也飞起来了，仿佛也到了云端，在高空中飞翔，在月光下变得透明轻盈。

I'm riding in the midnight blue

（我在蓝色的夜空下驰骋）

I'm finding I can fly so high above with you

（我发现我能和你在如此高的空中飞翔）

…………

　　桃夭老师看到了另一个江小鱼，一个在夜空中飞翔的、舞蹈的江小鱼，一个像天使一样脱离他所处环境的江小鱼。

　　刚才还有些嘈杂的观众此刻静悄悄的，只有江小鱼高亢纯净的歌声在整幢教学楼中回荡，仿佛月光一样洗过每个人的心，站在二楼的桃夭老师手都有些发抖了。

Children gaze open mouth Taken by surprise

（孩子们吃惊地张开了嘴）

Nobody down below believes their eyes

（下面没有人相信他们的眼睛）

…………

　　掌声响起来了，桃夭老师这才回过神来，江小鱼一溜烟地跑上楼来到了桃夭老师的跟前。桃夭老师忍不住用双手捧着他的脸说："唱得棒极了！"

　　桃夭老师仿佛看到了一条路，一条通向彩虹的路在江小鱼的面前展开 —— 毕竟这样的天赋没有多少人能有幸拥有！江小鱼是幸运的，桃夭老师觉得自己也是幸运的。

　　晚上暮省时，江小鱼在暮省单上写道："感谢大姐姐，感谢王老师，她们教会了我英语歌，才让我能光荣地站在小竹桥上为大家唱歌。"上周在大姐姐初步教了他之后，教英语的王老师又给他训练了几次，他竟然没有忘记。

桃天老师告诉江小鱼："现在不只要唱歌好，而且学习也要很好哇，各门课都要学好，因为优秀的孩子什么都要尽力做好哇。"

正巧，江小鱼那天的数学挑战题写得极乱，数学课代表拿给了桃天老师，桃天老师叫江小鱼过来，笑着问他："你愿意不愿意和我一起把你这张作业拿给低年级的小朋友看看去，对他们说这是晚上唱歌很好的大哥哥的作业？"江小鱼不好意思地笑了，拿回去重新做得工工整整的拿给了桃天老师。

科林

  每年的期末典礼都是很隆重的事，有老师和孩子们倾心打造的童话剧，也有对整个学期进行回顾的期末叙事，更有让孩子们提前多少天就牵挂思量的颁奖典礼，典礼上颁布的不只是与各个学科、各项能力相关的奖项，更有属于孩子们的独一无二的生命奖。

  老师们根据孩子们一个学期各个方面的表现，对孩子们作出郑重的嘉奖，这些颁奖词，往往不只着眼于孩子们一个学期的表现，更是对孩子未来的一种期许，尽可能地给每个孩子一种自我镜像，让他们知道，自己应该朝哪里努力，自己可以成为什么样的人。

  桃夭老师用各种花儿设定过生命奖，生命如花，每个人都应该绽放，对小种子班的孩子来说，开出花来更应该是所有人一生的目标；她也像夏洛给威尔伯织字一样，给孩子们织过一个个美妙的词语作为生命奖，这些词语既是孩子生命特质的体现，也是老师的一种希冀与祝福。

  这一学期的生命奖桃夭老师选的是童书中的人物。

  经过两三年的海量阅读，大多数孩子的阅读到了一个转型期，从彩乌鸦到罗尔德达尔再到国际大奖小说；从最初的每周十几万字，到后来的每周百万字以上……凯等优秀的孩子引领着全班的阅读走向一个又一个高度，尤其这个学期，上四年级了，孩子们的生命是那么明显地呈现出一种勃勃生机。班上的阅读已慢慢地出现了两极分化，优秀的孩子已从童书慢慢地转向武侠，转向历史，转向科学甚至哲学书籍了，除了极个别的两三个孩子，那些阅读能力弱一些的孩子现在读童书也没有任何问题了。而这些童书不管是对优秀的孩子还是对能力弱一些的孩子都起过和正起着重要的作用，它们一路指引着孩子，给他们力量，让他们找到自己的影子，看到自己的未来。现在，在阅读的转型期，借着颁奖，对以前读过的童书中的形象整理一下，让孩子们更加明白自己是谁、要到哪里去，也是特别有意义的。

孩子们早早地化好妆，换上干净的校服坐在教室中等待期末庆典的开始。

在叙事环节里，老师和孩子们一起展示，把一学期的生活展现在家长们面前，也给自己这一段的旅程画上一个完美的句号。以前的叙事环节基本上是桃夭老师主讲，现在，随着孩子们能力的增强，叙事时她说的话越来越少，就由孩子们自己讲自己一学期的故事吧。

颁奖典礼当然是桃夭老师来主持，孩子们兴奋得有些按捺不住。

"我会是什么奖呢？我会是什么奖呢？"性急如凯者甚至会边问边祈祷；沉默如江柳者虽安静，眼神中也透露出了心底的热切……

"亲爱的小种子们，颁奖是庆典，也是盘点。当老师在心中一个一个抚摸着你们的名字，你们最初的样子，你们今天的样子，你们一天一天发生的变化，都在老师心中回放，甚至你们未来的样子也在老师眼前清晰展现……你是谁，你从哪里来？你要到哪里去？亲爱的孩子们，你们有没有问过自己这个问题……老师今天送给你们的这些你们读过的或者还没有读过的故事，就是一面镜子，可以照见你们，你们今天的样子、你们未来的影子、你们的生命也已经在这些故事里……

拇指姑娘是美的化身，是美好事物的象征。不论在什么样的处境中，她都能保持一颗善良的心，保持对美的向往，对光明的渴望。

小米同学是我们班的拇指姑娘，不只是因为她个子小小的，更是因为她身上体现出越来越多美好的东西……

亲爱的小米同学，像拇指姑娘一样，听从阳光的召唤，向着光明、向着太阳飞翔，保持自己身上美的东西，再宽容一些，对自己的期望值再高一些，努力向前，相信你会书写出自己的美妙故事。

我们的拇指姑娘小米同学获得了"朗诵之星、唱歌之星、写作之星……"

老师一句一句郑重地宣读着，小米姑娘的眼睛笑得眯成了缝儿，站在老师跟前，她的小脸红扑扑的……

一个一个的孩子走到前台，一个一个地接受老师的颁奖，和老师合影，每一个孩子的脸上都光彩照人：

王牌威尔伯 —— 小创

充满爱心的铁皮人 —— 熙

智慧的稻草人 —— 凯

犟龟陶陶 —— 顺顺

爱阅读的图书馆老鼠 —— 百灵

有音乐之梦的马可 —— 天虎

快乐的奥莉薇 —— 莎

时代广场的蟋蟀柴斯特 —— 江小鱼

绘制一百条裙子的旺达 —— 小菊

吹小号的天鹅 —— 小翔

…………

桃夭老师把奖状一张一张地颁给孩子们，这些奖，都是她对孩子们满满的期望啊！

"穿过草坪走过来的是米塞斯维特庄园的主人，他那副神情，是许多佣人连见都没有见到过的。走在他身边，头高高抬起，眼里充满欢笑，步履坚稳，不逊于任何一个约克郡少年的，不是别人，正是科林少爷。"这是小说《秘密花园》的结尾。我喜欢这个结尾，仿佛那身边走着的，不是科林，而是我们的小海，不比任何同学逊色的小海。

桃夭老师的声音分外的郑重，她伸出手邀请小海到前台来。别看小海平时挺蛮横，在公众场合露面时，他常常就忸怩起来。朗诵考试时，每个人都要面对大家背一首诗或一篇文章。第一学期时小海用书捂着脸好不容易读完了一首诗，声音比蚊子还小；第二学期时他低着头两只手都不知放哪里，哼哼着背了一首诗；今年好了一些，朗诵时声音大多了，但也只是偶尔对大家笑一下，马上就看窗外去了。

桃夭老师一直伸着手，微笑着向小海做出邀请的姿势，小海终于站起来了，羞羞答答地走到了老师跟前。这个做不出数学题就肚子疼、被数学老师表扬就欣喜若狂的孩子，这个两年前所有的作业都要坐在老师办公桌边才能完成的孩子，这个以前得过两次脑膜炎、最近刚刚得了阑尾炎、一直被癫痫困扰的孩子，这个自卑、无助又好强的孩子，这个学期正在发生着重大的变化。

他喜欢上了阅读，拿着一本书，甚至课外活动也不愿意出去玩耍了；他也喜欢上了写作，前几天的期末写作考试，竟然一口气写了一千五百多字的文章，虽然没有逻辑，但文中的一些句子已有了别样的味道。桃夭老师大大地表扬了他："说不定你将来可以成个作家呢！"他的脸上的光彩老师永远都忘不了……

桃夭老师眼前回放着小海两年来的一点一滴，内心波澜起伏：

身体不好不要紧，最重要的是内心的强大、自信！

魔力是什么？魔力就是遇到困难时不退缩，坚定地对自己说"我能行！"

小海同学在学习的时候相当努力，无论在学校还是在家里，他努力地完成写绘作业，正是因为一点一滴的努力，他从去年常常要老师帮着写到今年自己独立地写出几百字的文章；小海阅读也很努力，他的阅读习惯越来越好，很多时候，已不要老师督促，就能自己拿起一本书静静地坐在座位上阅读；他的朗读能力也越来越强，在读《青鸟》时，他的朗读，给我们留下了深刻的印象；小海也越来越文雅，不再在教室中大喊大叫，不再在外面挥动手脚，因为他知道，真正的强大不只是身体的强大，更是内心的强大。

桃天老师读到这儿的时候，脑海中闪现出小海这学期和同学唯一的一次闹矛盾后写的一篇文章：

　　今天，我很高兴，又不知怎么又变得不高兴了。
　　下午上完体育课，桃天老师不在，我想这是老师在考验我们，老师今天下午去给她的女儿开家长会去了吧？
　　课外活动时我玩了二十几分钟，回到教室，把数学作业写了一些，我看见教室中有四个女同学，我想和她们开一下玩笑，可我没有想到我的玩笑开大了，我说："教室中有四个女巫婆。"四个女生生气了，小米就过来点我的头，还有兰兰，她也过来闹了。我就突然生气了，马上就火冒三丈了，我生气地抓住小米，她往后走，我的心平静不下来，就踢了小米一脚。我自己也懵了，我怎么可以踢小小的小米！我看见可爱的小米变成了一个满脸泪花的人了，我真是觉得自己做了一件很愚蠢的事情。我知道我这种行为不对，我要在老师面前对这个小小的小米说声对不起。今天下午您是考验我们的吧，可我却没有经住考验，真是对不起！
　　在写周记的时候，我心情一直在往下沉着，心中没有一丝宁静，我猜想您一定会生我的气的，我为了一点儿鸡毛蒜皮的事情对小小的小米这样做，这都是我的错。
　　…………

这种反省在以前是绝对不可能看到的，他以前可几乎天天对着同桌挥舞着拳头哇。

老师继续读着给小海的颁奖词。小海咬着嘴唇微笑着，偏着脑袋站在老师的身旁：

> 亲爱的小海，我们的科林，要努力，要自信，在心田中不断栽种美好，驱尽忐忑，驱尽软弱，身体站起来，精神也站起来，站立在这块大地上，寻找到那个内心强大的真正的自己！

颁奖词宣读完了，桃夭老师的心中并不平静："小海能体会到老师这颗沉甸甸的心吗？真希望他从此越来越好！立此天地，达彼万方。"

其实，在发给小海的操行评定中，除了颁奖词还有一栏"班主任特别叮咛"，桃夭老师又谆谆叮嘱：

> 亲爱的小海，要更努力地阅读，写作，挑战各种学习；要比别人付出更多的汗水。请记住，只有付出努力，你才能有收获，你也才能真正地获得精神的强大。《秘密花园》中还有一句老师喜欢的话："在你精心培育玫瑰之处，那儿，我的孩子呀，荆棘便难以容身。"我把这句话也送给你，精心栽种自己的玫瑰吧，有一天，你会发现你成为了玫瑰一样美好的孩子。

颁奖典礼结束后，有一个短暂的家长会，结束前，她忍不住说道：

"亲爱的家长们，孩子们这学期的进步大家也都有目共睹，我想大家都能感受到孩子们正在发生着翻天覆地的大变化，孩子们身上勃勃的生机真的令人惊喜。但是他们刚刚上路，还需要我们的扶持。在这个紧要关头，如何让孩子们继续保持这种良好的态势，这个假期就特别重要。今天，我把一个喜欢上阅读喜欢上写作的孩子交给你们,两个月后,你们会还给我一个什么样的孩子?"说出这句话时,她自己都觉得自己有些角色颠倒了,她倒像一个要把自己的宝贝交出去的忧心忡忡的母亲……

下午小海的妈妈来学校帮小海拿英语书,笑着说小海回家后一个下午把自己关在房间里,写了一篇一千多字的文章,在写的时候再也不像过去那样要不断地问字了,说是桃夭老师说了不会写的字可以先空着,还说桃夭老师说他将来说不定可以成为作家呢。

桃夭老师心中充满着温暖,大概春天要来了吧,她想。

小镇的尽头

晚霞满天

我知道春天要来的

那一天

不知为什么

我高兴起来

心里头想的也是

"明天"

现在，它们不再是种子了，它们是植物了。首先，它们把根须往下伸到地里去；然后，它们长出小小的茎叶，朝向空气和阳光。

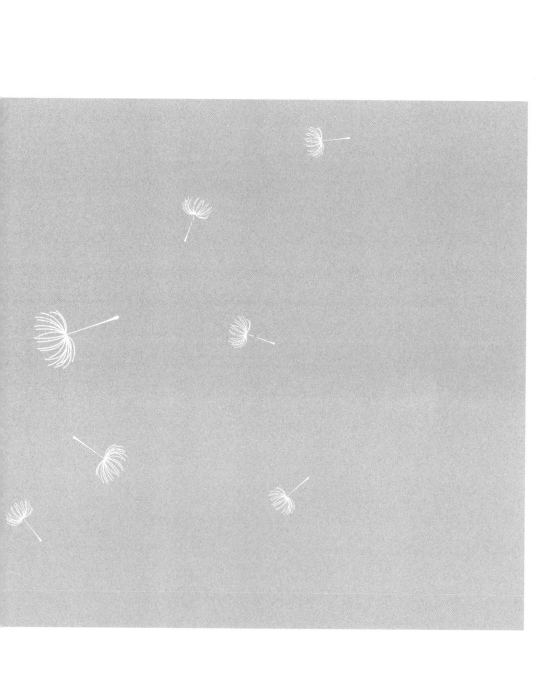

杏儿的春天

四年级第二学期开学的第一天，桃夭老师坐在桌前检查着假期作业，孩子们交了作业后坐在位子上静静地看书。

杏儿和往常一样是班上最后一个到的，她的家太远了。

像往常一样，十几天没见，杏儿又被草原上的风吹成了放羊娃，脸色黑青。

和往常不一样的是，这一次她来到老师面前，脸上充满着笑，眼睛亮亮的："老师，我的作业。"

"好，老师待会儿看。"

她有些不情愿地回到了座位上，但并没有静下来去看书，而是不停地看着老师。

"杏儿，过来，把你的作业拿给老师。"桃夭老师检查完了桌上的作业后喊杏儿。

杏儿把自己的作业一本一本递给老师，桃夭老师一本一本地翻看。

"杏儿，你这个假期的作业做得实在太好了！"

"老师，这不是我一个人的功劳，还有我的姐姐帮助我，我爸爸说我姐姐就是我的老师。"

年前补完课，杏儿的爸爸接她回去时说要找一下杏儿上中学的表姐，让她年后帮着辅导一下杏儿，果然这样做了。

"老师，我感觉咱们的教室好像变了一样。"

"还真是有一点点变化，你真细心。"桃夭老师笑着说。每个新学期，桃夭老师都要根据下学期的课程对教室的布置做适当的调整。

"老师，我想问你一个问题。"杏儿扑闪着葡萄一样黑亮的眼睛说。

"嗯，你说吧。"

"老师，我以前每一次都不好好把作业写完，您伤心吗？"

"我当然伤心了。你们不好好学，你们不优秀，老师不仅替你们担心，还要给你们补课，这样老师也会感到疲惫。你说是不是？"老师认真地看着杏儿说道。

"老师，让你受苦了。我这次保证不再不写作业了，我一定要写，还要写得好。"杏儿认真地对桃夭老师说。

"杏儿，你让老师现在感到一点点温暖了。"

"老师，不只一点点温暖，我还要把很多很大的温暖带给你。"杏儿闪闪的黑眼睛看着桃夭老师，真诚地说。

桃夭老师的眼泪都要出来了。

她想起上个假期杏儿回家没有完成作业，来校后写的一段文字：

两个杏儿

老师说，在家里的杏儿是个懒惰的杏儿，因为杏儿在家里不听话，每一次都完成不了作业，字写得也很难看，写绘日记也只写几篇，在家里的杏儿不爱写字，就爱玩耍。

老师还说，在学校的杏儿是个非常爱学习的杏儿，为什么在家里就不行了呢？

在学校的杏儿爱学习也爱写写绘日记，而且字也写得好看，也爱打扫卫生，还爱帮助别人，也爱看书。老师说，杏儿是个可爱的孩子，为什么一回家就不爱学习了呢？这让老师很忧愁、也很担心。

为什么在家里懒惰的杏儿就能打败好的杏儿，为什么在学校好的杏儿就能打败懒惰的杏儿？

我一定要学好的杏儿，我最讨厌懒惰的杏儿。我一定要好好学习不偷懒，像好的杏儿一样。

春天来了，杏儿的春天也来了吧，桃夭老师想。想想以前，杏儿每个假期作业不做不说，来校后老师还不敢批评，有时候老师声音稍微重一点儿，她马上就肚子疼，脸色就变了，表情就呆了。学习上如果遇到困难，从不去主动问别人 —— 或者等着别人主动去帮助她，或者就退缩回去啥都不干，跳舞是这样，做数学题是这样，练吉他也是这样。

　　记得有一天下午练吉他时，杏儿坐在那里一动不动。她的吉他弦前几天断了，那段时间她都在用老师的吉他练。前几天还好好的，但那天下午她突然就不动了。

　　"杏儿，为什么还不开始练呢？快去拿吉他呀。"老师提醒她，她整个脸皱成一团一声不吭。"赶紧去拿老师的吉他呀，就这么短短的半小时，不要浪费呀！"老师又提醒道。

　　"不会嘛！"杏儿粗声粗气地答道。桃夭老师知道她又遇到困难了。

　　"什么地方不会？来，老师帮你看看。"

　　她眼泪流了出来，皱着脸什么都不说。

　　"来，老师看看。"

　　"没有谱子嘛！"她的声音更粗了。

　　"那你有没有向别人借？"这个谱子是前几天桃夭老师发给大家的，她自己弄丢了，也不知在生谁的气。别的女生赶紧给她找了一份。

　　"哪个地方不会弹？"老师又问。

　　"那个和弦练不会嘛！"她声音重重地说。

　　"兰兰，来给杏儿示范一下。"桃夭老师又教她识了一会儿谱，几个女生也主动过来邀请她和她们一起弹，她终于又动起来了，终于弹会了，一会儿又笑了。

　　记得那次在整个过程中，小菊一直看着老师，最后忍不住说："老师，我真替你难受。"

　　"她生气都是因为自己不会呀！帮她学会了，所有的问题也就解决了。"桃天老师对小菊说。

一直处在自我斗争中的杏儿，终于有些不一样了。
晚上她在暮省中写道：

> 今天返校，我作业做得很好。我对老师说要带给她很多温暖，当老师听到我这句话的时候，都有快要哭出来的感觉了。我们的教室变了，操场也变了。我发现我们的操场四周种了许许多多的树，有小的也有大的，最好的是松树了。我觉得这一棵棵松树就是我的老师，因为有许许多多的松树，我也有许许多多陪伴着我的老师，他们就像仙女一样，一直在等着我往前走，一直等到我学习好为止。

杏儿果然一天一个样地变化着。她的心情一天一天不一样了，她越来越主动了，也越来越少生气了，和同学们的关系也越来越好。她喜欢上了写作，用自己的文字表达着自己的喜怒哀乐。桃夭老师称她是班上新升起的一颗作家之星，同学们也注意到了她的变化。彤说：

> 我觉得我们班有一个变化最大的人，就是杏儿。
> 二年级时，桃夭老师刚接我们班的时候，杏儿真是让人惨不忍睹，杏儿那时差不多是女孩子中最最最……差的一个了。那时，差不多每一个女孩子都不愿意和杏儿交朋友，我不知道那样的痛苦杏儿是怎么坚持下来的。
> …………
> 到了现在，四年级下学期，杏儿简直是令人刮目相看了，她的写绘日记写得越来越好，每一篇都不少于六百字，编故事几乎每次都不少于八百字，而且都写得非常精彩，每一篇都特别生动有意思。

杏儿现在的字也写得越来越好看了，已不是班上写字不好看的那几个之一了。

杏儿这个学期以来突飞猛进，真的让你不敢相信，以前杏儿会是那种样子，现在的杏儿眼睛都是亮的。

杏儿现在心中充满着喜悦，世界在她的眼中也变样了：

在我们的教室里，充满了花朵的笑声和大家的笑声。虽然花儿不说话，但是花朵开了，就和一个小笑脸一模一样。

但是更多的还是我们大家的笑声，我们大家在一起一点儿都不孤独。我们的笑声有多种，有读书的笑声，还有唱歌画画的笑声，有跳舞的笑声……各种各样的笑声都从我们的教室中传了出去，这样的笑声传到了楼道中，楼道中的叔叔阿姨，听到了这声音也笑了。

我喜欢教室里的笑声，因为这笑声是优雅的，这笑声也像花朵的声音一样，会让你感觉到美好在流动。

无论是花朵还是叶子，都有他们的香味。比如梅花就是这样，花香浓郁，高傲又纯洁；还有兰花，不是很高傲，但很清香。这些花儿都是我们学过的诗中描写的花朵。我很喜欢梅花，我觉得我有些地方和梅花很相似。我有时候是伤心的，有时候是高兴的。在我放假回家不好好写作业时，我就伤心，等我把作业好好地写完成以后，我就又高兴起来，发出快乐的笑声。我觉得我现在这种笑声特别奇怪，和我往常根本不一样（是一种很自豪的笑声）。我下次一定还要比这个强一百倍，我能行，我相信！

你们就看着我吧，我这个才叫做真正的笑，像不像花朵们的笑声呢？

读着杏儿的文字，桃天老师也笑了。

行走在农历的天空下

"行走在农历的天空下"课程其实从假期就开始了。这是一个大课程，从立春开始，要历时整整一年，穿越完整的二十四个节气，穿越每一个季节，从春花开到冬雪飞，带着孩子们跟着太阳的步伐，经历季节的转换，感受花开花落时我们民族的情感起伏，体验叶落雪飞时中国人的心跳……这个课程，是想让孩子们感受一个真正的中国人的存在方式，成为一个真正的中国人。

因为立春时大家还在寒假中，桃夭老师利用返校日，把假期中的相关节日带孩子们简单学习了一下，把相关的资料发给了孩子，让他们回家自学，提醒孩子们，这一年，我们要追随着太阳，踏着这一个一个节气，走完每一个日子，在这个过程中寻找真正的自己，那个丰富、敏感、充盈的自己。

2013 年 2 月 4 日　立春

亲爱的小种子们，昨天，我们为期一周的哲学共读结束了，但是看大家都读得兴犹未尽，于是我们又约定了暑假共读的内容。能这样整天整天沉浸到一本书中是多么幸福的一件事呀。而在读书之余，让老师更感到高兴的是不断有孩子给我反馈他在家里学习的情况。桑昨天反馈说他返校日后，每天一篇写绘从未间断，而且又写了四篇读后感，其他的作业也完成了，每天阅读写作，有规律地学习。熙也是。江小鱼比返校日前表现更好了。我想，班上一定还有很多孩子也是这样，都在默默地努力，默默地进步。

亲爱的孩子们，今天是二十四节气中的立春，春天到了，虽然内蒙古还看不到春的影子，但是你仔细聆听就会发现，春的脚步正在走近，不久之后，万木发芽，花儿又要开放了。你有没有告诉自己，在新的春天，你要长成一朵美丽的花，一棵高大的树？

请把发给你们的关于立春的诗读一读背一背，弄懂意思，把立春的相关知识读一读，了解一下这个节气。春天来了，新的季节又开始轮回了，你也要给自己一个美好的开始哦。

2013 年 2 月 10 日　初一

亲爱的孩子们，过年好！今天下午老师去西安护城河边散步，除了看到一树树腊梅外，竟然看到有些树已经长出了苞芽，春天真的来了呀！按农历来说，今天是立春过后第七天，而今年立春那天也正好是数九寒天的六九第一天，民谣唱道："一九二九不出手；三九四九冰上走；五九六九沿河看柳；七九河开八九雁来；九九加一九，耕牛遍地走。"也就是说从六九开始有些地方柳树已发芽了，今天是六九第七天，有树木发芽也是正常的了。春天是一年的开始，所以大年初一对我们来说就不仅仅是吃喝玩乐的一天了，还有许多别的意味。爸爸妈妈新的一年有更多的责任要担当，儿女们在新的一年有更大的期望与目标等等。春天来了，又一个欣欣向荣的季节到来了，可真好哇。

在这万木萌动的时刻，老师站在这千年历史的西安城墙下，心中更有一番别样的滋味。西安城墙最早建于隋唐，大部分建于明朝，千百年来，见证了历史的风云，李白、杜甫等诗人都曾在这些城门中穿过，今天，老师看到这巍巍城墙，仍然不由得想起他们，他们用自己的笔、用自己的担当和责任，用自己一颗火热的心，在后人的心中抒写了千年不朽的形象，这才是真正的伟大！这些人才是真正的中国文化滋养的中国人。亲爱的孩子，你愿意拥有像他们那样热血沸腾的生命吗？如果愿意，那就用你的心去拥抱知识，拥抱生活！

2013年2月16日星期六　初七

亲爱的孩子们，今天是初七，还记得我们演的中国神话中的女娲造人的戏剧吗？传说中女娲从初一到初六造了六畜（鸡、狗、猪、羊、牛、马）后，于初七这天又造了人，并且任命人为万物的灵长，让其肩负起让这个世界越来越美好的责任，于是初七这天被命名为人日，对于人来说这是个重要的日子，古人在这天写了很多的诗，今天我们读着这些诗，应该重新回到最初，想想我们到这个世界上来的目的，想想我们如何才能不愧对一个"人"字……不断地认识自己，不断地省察自己，我们才能越来越朝向美好。

昨天晚上九点多，老师告别了亲人，结束了新年假期，回到了学校，开始了新学期的准备工作。亲爱的孩子们，下学期还有许多挑战在等着我们，你做好准备了吗？这几天你阅读得怎么样？作业写得怎么样？你们认真阅读《特别女生萨哈拉》这本书了吗？认真完成导读题了没有？书写有没有进步？写作有没有进步？有没有认真听评书？农历天空下的那些与节气有关的诗，你们有没有认真地理解和朗诵？你们能否像上次桑给老师惊喜一样，再给老师一个又一个惊喜呢？老师无比期待着……

2013年2月18日星期一　初九　雨水

亲爱的孩子们，今天是二十四节气中的雨水，雨水节气一般从2月18日或19日开始，到3月4日或5日结束。从今天开始，气温回升、冰雪融化、降水增多，真正的春天到来了。在这段时间里越冬作物开始返青或生长，农人们抓紧时间做好越冬作物的田间管理，做好选种、春耕、施肥等春耕春播准备工作。我们从"七九"的第六天走到"九九"的第二天，"七九河开八九燕来，九九加一九耕牛遍地走"，这意味着除了西北、东北、西南高原的大部分地区仍处在寒冬之中，其他许多地区正在进行或已经完成了由冬转春的过渡，在春风春雨的催促下，农村要开始呈现出一派春耕的繁忙景象了。当然，在咱们住的小镇上这些景象可能还难以看到，但是大地上一定也会有些变化，细心的孩子也一定能发现。亲爱的孩子们，做一个细心的孩子吧，去观察大自然，去聆听大自然的节律……

……………

桃夭老师就这样用短信提醒着孩子们日子的变化。

"行走在农历的天空下"课程中很重要的一个组成部分就是百花课程。这个课程从梅花、迎春花、海棠、桃花、杏花、兰花、荷花等等一路学习下去，让孩子们感受中国诗人眼中这些花儿不同的意味。开学时，这里还没有春的影子，桃夭老师就带着孩子们从梅花课程开始了百花课程的学习。

赠范晔诗

〔南北朝〕陆凯

折花逢驿使，寄与陇头人。

江南无所有，聊赠一枝春。

这已是梅花诗的第七首了，刚读完这首诗，凯就喊起来了。

"老师，给朋友送礼不可能送梅花，肯定会送别的更有用的东西，譬如一袋大米……"有几个孩子也随声附和："就是，送梅花干吗呀？"

桃夭老师忍不住扑哧一声笑了："孩子们，你们要朋友给你们送大米还是送梅花呀？"

凯急着喊："要大米！"

"我要梅花！"江小鱼喊道。

有一些同学在观望，不知该选大米还是该选梅花。

"你为什么要梅花呀？"老师问江小鱼。

"梅花很美，有一种诗情画意，很浪漫。"江小鱼着急地说。

"大米可以吃呀，梅花能当饭吃吗？"凯反驳道。

桃天老师想起凯无数次对在我们的空中花园中种各种花表示不解："还不如栽果树呢，还有果子吃。"还有他常说："我就不想学吉他、舞蹈，这些科目对我考大学有啥帮助哇？'学好数理化，走遍天下都不怕！'我爸说的。"

"你将来谈恋爱求婚是用玫瑰花还是用一袋大米呀？"桃天老师开了他一个玩笑。

班上同学都笑了。

"那不是一回事……再说求婚也要彩礼的……"大概他也觉得背一袋大米去求婚这个形象有些不雅，没有那么理直气壮了。

《红楼梦》中刘姥姥进大观园的时候确实带的是鸡、鸭、马铃薯之类的，但是你应该没听说过李白送谁马铃薯吧？

"咱们农村人走亲戚送米送面，但是你知道那些高雅或高成就人士送什么吗？有时候就送几句话罢了。

"送梅花的意义在于这种交往行为本身代表了一种更高级的生活方式。喝红酒和喝面汤是不同的生活方式，送米和送花送诗也是不同的生活方式，用需要层次论来说的话，大家看看送米在哪个层次？送花送诗又在哪个层次？"桃天老师指着墙上贴着的马斯洛需求层次理论图问大家。

"送米在低级需要层次，送花和送诗在高级需要层次。"因为上课时经常会联系墙上的马斯洛需求层次理论，孩子们判断起来并不难。

"虽然吃饱肚子很重要，但是人的高贵之处在于人可以不断地超越这个层次，走向更高的精神需要。"桃天老师说。

"流芳千古的是诗，是画，是音乐，是这些人类精神的产物，而不是大米，也不是因大米而养壮的某个身体。

"所以如果以后求婚可千万别背着大米去呀，你写一首诗再附一朵花再弹一首吉他曲那可比你背大米有用多了。如果哪个姑娘向你使劲要彩礼，你也要擦亮眼睛啊。"桃夭老师又和凯开玩笑，大家笑，凯也笑了。

…………

百花课程结束的时候，孩子们仿佛都换了一个人，大家知道，这些花在某种程度上代表了某一种精神，代表了一种人格。孩子们都有了自己心仪的花儿。

"你们喜欢什么花，就说出喜欢这种花的理由并把描写这种花的精神的诗读出来吧。"百花课程的总结仪式上桃夭老师说。

"我喜欢牡丹，因为她大气，我也是一个大气的女孩子。"彤说。

牡丹
〔唐〕皮日休
落尽残红始吐芳，佳名唤作百花王。
竞夸天下无双艳，独立人间第一香。

彤用自己浑厚自信的声音把这首诗演绎得真好。

"草木有本心，不管别人喜不喜欢它，它都不在意，自己如果上进的话就算是没人理你，你也不用管，你自己美好就行了，所以我喜欢兰花。"一直认为自己有些受冷落的小文说。

兰花
〔明〕薛网
我爱幽兰异众芳，不将颜色媚春阳。
西风寒露深林下，任是无人也自香。

"我喜欢木兰花，我觉得女孩子不光要美丽，也要勇敢。"人小，但是做事干净利落的兰说。

题令狐家木兰花

〔唐〕白居易

腻如玉指涂朱粉，光似金刀剪紫霞。

从此时时春梦里，应添一树女郎花。

"我现在有了一个念头，一定要在我的心中播下一颗海棠花的种子，开出一朵高贵的海棠花。我也要像海棠一样把我的美好展现出来，让大家看到……"皮皮说。

海棠

〔宋〕苏轼

东风袅袅泛崇光，香雾空蒙月转廊。

只恐夜深花睡去，故烧高烛照红妆。

那个要大米不要梅花的凯再也不提大米的事了。

做人当如兰

凯

今天，百花课程结束了，诗中的那些美丽的花儿已经远离我们了，可我们心中还在思念着它们。

现实中的花儿一朵朵如美丽动人的女子，诗中的花儿更是代表了诗人的精神——李商隐的哀愁、苏轼的呵护、李白的思乡、雷渊的高贵等等，这些花儿在诗中，成了一个个活生生的人，向我们展示着她们的精神，以及诗人的坎坷。

"东风袅袅泛崇光，香雾空蒙月转廊"，写了海棠不论黑夜与白天都散发出香气，这是怎样高洁的品质呀！（别的花也一样。）

我不知道自己该成为哪种花，是梅花？它始终保持着自己的高洁，在寒风刺骨的冬天开放，冰雪铸造了梅花高傲的性格，像一个厉害的人，虽然它的花瓣也像其他花儿一样娇嫩，但骨子里，透着一股气，那就是不服输的精神！

是兰花？它是植物四君子之一，我最喜欢淡绿色的。虽然也有别的品种，但这种淡绿色的花，却是最香的，"兰之猗猗，扬扬其香"，写的就是它呀。在花中，我最喜欢它，因为它好像是我要成为的目标，散发香气，坚持自我！

对，我要成为幽幽的兰花，我要以兰花的精神为目标，它的美好，许多文人已经告诉了我，包括儒家第一人孔子，他用《幽兰操》告诉了我们，幽幽的兰花是多么美好、多么高洁、多么让人羡慕。

让我发芽、成长，长大后，有一番事业，迎来生命之花的绽放。

怒放吧，生命！

"行走在农历的天空下"课程中最触动孩子们的是"落花课程"。

这个课程开始的时候，校园中的杏花开了，又落了。

"老师，这杏花的花瓣好嫩好薄哇……"百灵捡了一捧飘落的花瓣来到了桃夭老师面前。

"这才开了几天哪，就落了，真是太可怜了……"米米用细细的声音说着。

"一个晚上就飘落了这么多……"孩子们每天从校园中走过，看到校园中的落花的时候都要感叹。

落花

〔唐〕严恽

春光冉冉归何处？更向花前把一杯。

尽日问花花不语，为谁零落为谁开？

这首诗，让从来不多愁善感的凯也禁不住感叹：

这花儿再美丽，再灿烂，也终究逃不过凋零的命运。其实，我们这些人和这些美丽的花儿在本质上又有什么区别呢？不也是经历一场生命的轮回吗？只不过，我们不会再次出现在这个世上了（花也一样，今年开的已不是去年的那一朵了呀），写到这里，我心里一阵悲痛。

与其叹息生命短暂，不如追问自己，自己干了些什么，自己为什么而开，为什么而凋零，自己该干些什么？

我们现在正值生命之春，如果努力学习，拼命读书，一定可以骄傲地离去吧？像这些美丽的花儿一样。

现在，树立方向，为此努力，最终让我的生命绽放吧。

翠翠在学了李璟的《浣溪沙》后不由写道：

…………

这是一首多么愁多么悲痛的诗，慢慢品读这首诗，好像眼前就有了这样一幅"菡萏香销翠叶残"的画面，荷花都枯萎了，叶子也干了，原本美丽动人的荷花却成了这样的一副模样，不由得让人叹息，这荷花不也像我们未来终将凋落的美好年华吗？

想一想自己，这一个学期就这样结束了，过不了多久就要到五年级了，而自己的童年也正在一点一点地流逝，像这朵凋落的荷花一样，就这样一天天、一年年，在你感觉不到的时候，就凋残了。曾经的美好已不在，曾经的青春也已不在，若干年后，我们想起这一点也会涌起像诗人一样的心情吧？

而现在，对我们来说最重要的是过好每一个当下，每一个今天和明天，这样，到了自己青春不在的时候才不会感到遗憾。

一向快乐的江小鱼在读《代悲白头翁》的时候也说：

我很伤心，花落了，这些花在风中飘来飘去，不知去了哪里。每一年，每一岁，花还是花，我还是我，但明年的我还是现在的我吗？说不定我变坏了，说不定我变得更好了。

每一个人的一生都会变好变坏吧，自己的命运自己是猜不出来的。但是，我们要努力地把自己的一生变得美好，不要老大徒伤悲，那时就晚了。

一向顽皮的桑感叹道：

唉，这匆匆忙忙的春天哪，你刚来又匆匆地去了，这美好的春天，你这么早地归去，还不如迟点儿来的好。

美好的事物总是来匆匆去匆匆。人的生命和花一样，春天一过，慢慢地就凋落了。在人生的春天，我们用笔把这美好记下来，等到冬天慢慢品味。时光虽快，但时光中的美好也会有许多，与其叹息，还不如珍惜。在你叹息的时候，时光也会过去；不如每天都创造美好，不给自己留下许许多多的遗憾，这也是保留春天的一种方式吧。

当读到李煜的《乌夜啼》的时候，杏儿感叹道：

当我读完李煜的《乌夜啼》的时候，我感到了这首诗是多么的哀伤。春天是多么的短暂，花朵那美丽多姿的身影，突然就在这么一转身间，一下子就失去了它的辉煌。这怎能不让人为它叹息。人的生命也像这花儿一样短暂。是的，这时，我才知道了什么叫短暂，人生的短暂，就像河中的水一下子就这样流了过去，一回想，原来的日子，真是过得太快了，你一眨眼，整个美好的往事，就这样流走了。我觉得这首诗写的真是我们每一个人的生命啊。

桃夭老师不只在晨诵课上带着孩子们体味诗歌，她也常常用自己的笔和孩子们应和着，虽然常常是简短的几段，但师生都感受到了这种交流的快乐：

非常喜欢读辛弃疾的词，豪放开阔中又有婉约沉郁。这首《摸鱼儿》就是代表。且看开首这一句："更能消、几番风雨。匆匆春又归去。"诗人劈头这样问下来，又自己回答，痛惜之情立现。春天是短暂的，一场雨后就是绿肥红瘦，几次三番之后，春天就归去了，怎不让人痛惜！读这词让我不由又想起李煜的词"林花谢了春红，太匆匆，无奈朝来寒雨晚来风"，都是那么的急促，都是那么的无奈！美好易逝，生命短暂，眼看着今天还是明媚一片，明天就凋落无处寻了。悲伤怎遣！唉，我也竟如诗人一般天真地想，于其看到春花匆匆而去，还不如当初让她开迟一些，这样最少也可以看她晚凋谢几天哪。一朵花凋谢本来就够让人伤感了，更何况这无数美好的花儿凋落，更何况这整个春天的归去！

所以，像以往很多爱春惜花的诗人一样，辛弃疾也在惜花的伤感之中不由得发出痴语：春天哪，你且留下来吧，我听说那天涯芳草已难以找到你的归路哇。但是自然无情，时间就是时间，它不会因为谁的挽留而多停一分钟，"春不语"，只有我们空留怨恨。

辛弃疾这样一个人中豪杰竟也伤春悲秋，写出这样缠绵的诗来，真是让人感到意外！

但又不意外！一个想要有所作为的人最害怕的可就是时间的流逝呀！

他怕自己生命的流逝呀！他哪里是在感叹春天哪，他分明是在感叹自己的生命！看着生命一天天地空自浪费，心中的抱负不能实现，花落时节，他就不由得发出这一声声悲叹。

这样的悲叹李白有过："飞霜早淅沥，绿艳恐休歇"；陈子昂有过："岁华尽摇落，芳意竟何成"。这样的感叹，从古飘到今。昨天，江小鱼感叹："老师，我们教室的牵牛花每朵只能开一天就凋谢了，太短暂了。"这不也是吗？

生命就是这样短暂，一朵花的开放只是一瞬，但它毕竟开放过；在人类的长河中，我们的生命也只是一瞬，在这一瞬间，我们灿烂地开过吗？我们能灿烂地开放吗？

落花课程结束了，杨柳课程结束了，菊花课程结束了，中秋课程结束了，悲秋课程结束了……从立春，到立夏，到立秋，到冬至，一个个节气走完了，"行走在农历的天空下"课程学完了……

不只是孩子们，连桃天老师甚至都能感觉到自己灵魂深处的变化，这些美好的课程，让每一个贫瘠的日子变得丰润，让每一份辛劳变得有了别样的意味，让她更深地感受到了自己的存在，仿佛她早年读过的一首诗中所描写的那样充满了生命感：

> 在穷乡僻壤，在辛劳阴暗的生活中，
> 我的岁月就那样静静地消逝，
> 我的面前出现了你，
> …………
> 我的心狂喜地跳跃，

一切又重新苏醒，

有了神往，有了灵感，

有了生命，有了眼泪，也有了爱情。

学过了"行走在农历的天空下"，孩子们懂得了生命的珍贵，他们知道了自己这棵小苗，只有开出一朵花来才真正地对得住自己来这世界上一遭。

学过了"行走在农历的天空下"，孩子们的生命变得更丰富、更敏感了，他们知道了相聚的不易、离别的伤悲：

一枝缠绵的柳

凯

以前，在我的眼中，柳就是柳，一根根纤弱的柳条，像柔弱无骨的腰肢，一丝丝飘飞的柳絮，像一片片四散飞舞的雪花。可在读过一首首古诗之后，柳在我的心中就被赋予了独特的含义。

"昔我往矣，杨柳依依"那股离乡时的依依不舍之情，经过千年，飘进了我的心头；"若为丝不断，留取系郎船"，那种妻子对丈夫的不舍，让我的心为之颤动；"渭城朝雨浥轻尘，客舍青青柳色新"那种对朋友的牵挂，让我的心也不由得变得潮湿……每一首诗名字不同，作者不同，可要表达的，永远是那跨越千年的忧伤，不断触动着我们内心深处的那份深情。

一座劳劳亭，虽远隔千年，我们仍能体会到那亭下的忧伤，"天下伤心处，劳劳送客亭。春风知别苦，不遣柳条青。"春风不知道离别的苦，真正知道离别之苦的是诗人李白。

"韶华不为少年留，恨悠悠，几时休？"不只是诗人面对一年一年的柳色有这种感慨，我也有了这种感慨。回想以前，我是那么天真，那么无忧无虑，可是现在，我再也回不到当初的自己了。我已经度过了人生岁月的十几个年头了，那曾经在我眼中枝繁叶茂的柳，现在则仿佛成了古诗中那挽留离人的手臂，那一片片嫩嫩的柳叶，则像那断肠的泪珠，每当我经过池塘边那排垂柳时，那横跨千年的忧伤就涌上了我的心头，思念我逝去的时光，思念我逝去的昨日，"便作春江都是泪，流不尽，许多愁。"

以前，我还不太想毕业的事，但现在，我却越来越多地有了离别的凄切，尤其是漫步垂柳间的时候。那一根根枝条仿佛在挽留我，那一片片绿叶仿佛在向我倾诉……

明年，我们就要和这里相别，走向一个个另外的地方，分别时，也许只有"执手相看泪眼，竟无语凝噎"，到时候，这池边的柳，也会对我们依依不舍吧？"多情自古伤离别"，更何况，告别的是我们最珍贵的童年、最美好的时光。

以后，当我再回到这里时，我也一定会像古代的诗人一样"动离忧，泪难收"吧？

古诗中的杨柳哇，相隔千年，还拂在我的心头。

学过了"行走在农历的天空下"，孩子们找到了精神的家园，对自我的存在，对脚下的土地也有了更深刻的认识：

内蒙古，美丽的家

山

我认为，内蒙古，是一个最美丽的存在。

是的，在这一片大地上，流动着无数英雄的血。每当我看到那一座座山脉时，我就会想：铁木真当初来过这里吗？如果来过，那么，郭靖、拖雷、哲别，还有江南七怪，他们也一定到过这些山脉呀；陈家洛等红花会众人到过这里吗，他们又做了什么？

而我们内蒙古人，唱出了我们心中的热情与强悍，一定用热酒款待过这些英雄们吧。那"铜尸""铁尸"，他们的骨骼是不是也埋在我们的脚下呢？不管怎么样，在我们脚下的这片大地上，无数英雄尽折腰。

那豪阔的蒙古大汉，你们如今却又在何方？在这山上吗？这山上仍然流传着大汉们的热情和豪爽吗？那曾经的金戈铁马之声到哪儿去了？大山用沉默回答我。

这山坡，不管是曾经的金戈铁马，还是如今的花草齐寿，在我的眼里，都别具风格。那上面的野花野草，胜过那青松翠竹、富贵牡丹。

我每一次在这山坡上漫步的时候，看到的、想到的、听到的、闻到的，都是那热情豪爽的味道哇。这山，当我受伤时，它无言地做了一面护盾；在我高兴时，它沉默地在我身边站立。有一天，当我们离开这个世界时，我知道，它也会把我们的身体收留。这是父亲一样的山。这大山虽然不怎么绿，甚至有些荒芜，但在我眼里，那一株株草，那少得可怜的花，都告诉我，它们是美丽中不可缺少的部分。

抬眼望那一望无际的天空，你才会知道，在强悍的山上面，有着怎样有个性的天空。这天是广阔的。站在内蒙古的草原上，我才知道，管他多么五彩缤纷的天，都比不上这草原上天空的蓝和白。不用去看什么地方太阳落下去的绚烂，单单看这草原上天空的蓝和白，看到这蓝得没有任何杂质的天空，看这万里无云，这广阔无边，你就会知道这草原上的人们的胸襟有多么的广阔，就可以知道人们拉着马头琴的时候心中有多么的快乐，他们举杯痛饮的时候，心中是多么的自由……那天边上的云，告诉了我，那些曾经生活在这片土地上的人们的自由，正像这云，飘来飘去，无忧无虑……单看那天和云，你就可以知道生活在这片土地上的人们的个性和气派。

而我，不是蒙古族人，却出生在这片大地上，生活在这片大地上，我渴望我的身上也有英雄们的血液，有这片大地的个性。

　　这儿，也是我的最美丽的家乡。

　　像那些美丽的落花一样，"行走在农历的天空下"这个课程在大家的依依不舍中结束了；但也像那些美丽的花儿从此定格在大家心中一样，那种中国人灵魂的诉说方式也融进了大家的灵魂中，不论是孩子，还是老师，都感觉到自己的灵魂真正的是中国人的了 —— 呼吸有了中国人的味道，思维是中国人的方式。原来，我们的家园不只是脚下的这片土地，更是我们的语言，是这语言后面的一种文化，一种精神。

走失的星星

江柳转学了。

上周四的时候，江柳的妈妈告诉桃天老师江柳的爷爷病危了，要见江柳最后一面，她接走了江柳。没想到，从此，大家再没有见到江柳。

那个总是有些怯怯的男孩子。

那个在刚过去的六一儿童节中写出的愿望让桃天老师感到心疼的男孩子：

> 我的第一个愿望是长大后做一名科学家，不是普通的科学家，是一位很伟大的科学家，是一位做了很多的好事，创造了很多东西的科学家。老师您也许记得我以前写过的一篇写绘日记，就是关于这个的，我会有一个大房子，我会有一个自己的实验室，也会有一个助手，也有很多很好的发明品，我也有几种武器，有一个叫甲龙……这一篇写绘日记我现在还记得很清楚，因为它是我的一个愿望。

> 我的第二个愿望是过上快乐幸福的生活。这一个愿望我也很想实现。七岁那年我爸爸死了，我的妈妈和我离开了奶奶家来到了这里，来到了这所学校。我想和妈妈过着快乐幸福的日子，这也是我心中的愿望。

> 我的第三个愿望是有一个幸福的家庭。我妈妈在一个酒楼的工作辞掉了，又到另一个酒楼里去工作了，现在这份工作也更加辛苦，每天早上五点就要到酒楼上班，我希望有一个幸福的家。

那个在上次清明放假时，没有人来接，妈妈手机停机，不知妈妈在哪里上班，也没有带家里钥匙，桃夭老师不知送往哪里就只能留在老师身边的男孩。

那个在三年级桃夭老师让写"我最好的朋友"时，在很多孩子都写道"我最好的朋友是江柳"时，他的本子上却用铅笔弱弱地写着"老师，我没有朋友"的男孩。

那个在宿舍中大多不吭声，有时也会给大家讲起他的妈妈如何带着他一次一次流离失所的男孩。

那个在这学期迷上了金庸小说废寝忘食地阅读的男孩。

那个在看小桥歌会时站在二楼被同学挡住看不到不吭声只是默默流泪，吓得班上的孩子再三把他往前拉，桃夭老师也让他站在自己前面的男孩……

我们再也没有看到他。

周日早上，他妈妈打电话说要给江柳转学，因为在这边工作工资都讨不到，无法生活，想去包头投靠亲戚，重新找一份工作。

这个地方这几年经济不景气，许多外地人都离开了，江柳只不过是许许多多离开的孩子中的一个，老师能说什么呢。

让她带江柳过来，她说江柳已经在那边上学了，不能过来了。大概她是怕江柳过来后不想走了吧，桃夭老师猜想。

周日晚上，江柳的继父和妈妈来帮他办手续。桃夭老师把周日刚替他领到的几百块钱的资助金给了他们，又拿出准备送给江柳的一本书，孩子们轮流签上了自己的名字，签名的时候他们表情沉重。是呀，几年下来，大家早就成了一家人，孩子们从来都没有想过有一天会分离。

其实他们已经经历过一次离别。那是四年级刚开学时，莎的离去。

据莎的爷爷说，想把莎转到邻近的一所特殊学校去。

如果说那时莎的离去，让班上那几个经常照顾莎的女生难过了好多天的话，那么这一次，江柳的离去让每个孩子都感到了特别的悲伤。也许是孩子们更懂事了，也许是因为相处的时间更久的缘故。如果说，莎退学时她跟在爷爷后面笑嘻嘻的，哪怕班上几个女孩子拉着她的手她或许也不知道自己是来退学的话，而江柳则不一样，江柳走时以为是去看爷爷，从此再未回来，他就这样不告而别地走了，让大家分外心痛；如果说，莎那时候只是被照顾，她整天沉在自己的世界里，和别的同学没有多少交集的话，而江柳则不是，这几年，他已从当初的孤独自闭中慢慢地走了出来，常常给宿舍中的伙伴讲自己的心事，也常常跟老师说自己的心里话，他现在在班上已经有了自己真正的好朋友，和大家的感情一日深过了一日。

江柳无声无息地离开，让孩子们小小的心一下子仿佛被掏空了似的，他们第一次感受到了真正的离别的伤悲。

桃夭老师最后一个在书上签名，她郑重地写上了那句"小种子知道，在它的身体里面藏着一朵花。爱你的桃夭老师"，以前她都是在给孩子们过生日时这样署名，今天却是送一个孩子离开。

教室中气氛异样，先是有个别孩子低声抽泣，接着是越来越多的孩子不能自已。平时对什么都满不在乎的桑眼睛也红红的，平时总是喜欢逗别人哭的凯此刻眼中含满了泪水……

当鸿蒙初辟，繁星第一次射出灿烂的光辉，众神在天上集会，唱着"呵，完美的画图，完全的快乐！"

有一位神忽然叫起来了——"光链里仿佛断了一环，一颗星星走失了。"

他们金琴的弦猛然断了，他们的歌声停止了，他们惊惶地叫着——"对了，那颗走失的星星是最美的，她是诸天的光荣！"

从那天起，他们不住地寻找她，众口相传地说，因为她丢失了，世界失去了一种快乐。

只在严静的夜里，众星微笑着互相低语说——"寻找是无用的，无缺的完美正笼罩着一切！"

桃天老师坐在教室前面，突然就想起了泰戈尔的这首诗，她觉得得告诉孩子们，那些无法改变的事情得学会接受。我们所能做的，就是用自己当下的努力，让一切可以改变的事情重新完美起来。

在那遥远的地方

　　自从那个元旦小桥歌会开场后，每周一的小桥歌会已成了惯例。孩子们的热情被调动起来了，老师们也在绞尽脑汁地想把尽可能多的孩子推上舞台：给学习基础差的孩子提供亮相的机会，鼓励他们变得自信；给有表演才能的孩子提供展示的机会，尽可能地挖掘他们的天赋，让他们成为班级的榜样，带动大家往前走。

　　学校上学期就开设了吉他课，明显地，江小鱼在音乐上的领悟力要比别的孩子高很多。但是，领悟力高并不等于热爱。因为贪玩，一个假期过后，江小鱼的吉他水平没有任何提高，甚至连上一学期学的基本功也忘得差不多了。

　　倒是桃夭老师假期中摸索着自学，终于弹会了两首歌——《在那遥远的地方》和《兰花草》。一开学，教音乐的杨老师给大家教吉他的基本功，桃夭老师在课外时间热蒸现卖地把她刚学会的两首歌的吉他弹唱要领教给学生，她总认为，会弹唱歌曲了大家积极性会更高。

　　"得把榜样培养出来，让大家看到吉他的魅力！"桃夭老师告诉自己。

　　"这周回家后跟你爸商量一下，看他能否同意你下周留下来练吉他。"她对江小鱼说。

　　"这周我就留下来吧，给我爸打个电话就行了。"江小鱼兴高采烈地留下了。

　　那个周末，刮了一夜的沙尘暴，早晨太阳的脸黄黄的，天地间弥漫着一股沙土的味道。桃夭老师八点十分到教室时，江小鱼已在教室里背诗了，原来他七点就过去了。因为这周恰好小菊和杏儿都回家了，教室中就只有江小鱼和桃夭老师了，他们一起收拾了铺满尘土的教室，老师喷水浇花，江小鱼抹桌子，整理完后，两人简单吃了点儿面包，喝了瓶牛奶，新的一天就开始了。

老师开始工作，江小鱼开始学习。

十一点时，桃夭老师开始教江小鱼弹唱《在那遥远的地方》，一个和弦一个和弦地演示给他看，并督促他练习，告诉他下周小桥歌会上就表演这个节目了。

周末两天时间，除了学习外，江小鱼每天都要花几个小时来练习这首歌，终于在周日的时候，不但会弹会唱了，谱子也背过了。

周一，桃夭老师再请杨老师给江小鱼把关指导，杨老师给定好了调子，又指导了一下唱法，看着江小鱼弹了好多遍，觉得差不多时就让他自己练习了。

终于，那个周一的晚上，江小鱼弹唱的《在那遥远的地方》在小桥的上空飘荡起来了，这是小桥歌会上第一支学生自弹自唱的曲子。

那天正好是六一儿童节，桃夭老师带着吃着棒棒糖的孩子们站在二楼往下看去，江小鱼的身体小小的，抱着大大的吉他看起来像童话中的小矮人似的。他悠扬的歌声飘了起来，一个美好的世界不只在老师面前，而且在他自己面前展开了：

> 在舞台上，我展现着自己的美好，用心地唱着每一个细小的地方，我唱着唱着仿佛走进了梦幻般的画卷：我在草原上奔驰着，突然，看见在一丛花中有一位姑娘。姑娘看了我一眼，我感觉到了她的神采，我盯着她远远地消失在夕阳的余晖中……后来有一天，我想起了那位姑娘，于是，我便想起了几句歌词：在那遥远的地方，有位好姑娘，人们走过她的帐房，都要回头留恋地张望。我就写了一首歌，描述我的心情，描述她的形象……

榜样出来了，大家仿佛也看到了自己的未来。

"大家都看到了，江小鱼周末练吉他练得手都起了水泡，所以他才能光彩照人地出现在舞台上……"桃夭老师在暮省时对大家说。

"今天晚上，我看到了平时只有在电视上才能看到的吉他弹唱，是我们班江小鱼演唱的，他为了练吉他，周末不回家，手都练出泡了，我也要向他学习……"百灵在暮省时写道。

苏铁更是激动：

我们班的江小鱼可以把一首好曲子弹下来了。

他弹了一首《在那遥远的地方》，等他弹完了我们的掌声很热烈，因为他又唱又弹，这一点谁都可以做到，但是，得好好练习才可以做到，江小鱼周末练这首曲子把手都练出泡了。

江小鱼弹完后，我扪心自问，我是否也能好好学吉他，像江小鱼一样呢？

在每次上音乐课的时候，我总是跟不上大家，只好发呆，只好混过去了。

在混的过程中我很难过，因为我想到了未来，到那时候同学们都会弹出一首首好曲子，可我呢，却连一首也弹不下来。别说一整首，就连半首也弹不下来，所以我很难过。

不知什么时候我才能学会一首好曲子，我老是想着我真的是一个笨人。

我觉得很惭愧，因为，我的学习老让人拉着，但是从现在起我要自己跑起来，这样我才可以学会，我也得在音乐课上加把劲儿了。

我相信自己可以学会的。

许多孩子都这样说："江小鱼的手都练出泡了……"
"我建议大家成立一个个挑战小组，每个小组每周确定一首曲子，由本组吉他弹得最好的孩子带着大家练，帮着检查大家的过关情况，哪一组弹得好就上小桥歌会上去表演……"桃夭老师趁热打铁。

杨老师也改变了策略，由上学期的只教基本功改为教歌曲，让大家在歌曲中练习基本功，大家的积极性高了很多。

江小鱼所有的文字中都是音乐的气息了。

暮省时他说：

> 原来的我不在乎我的一生，因为我还不懂事……现在，我的身边有音乐在陪伴，我的脑海中有歌声在回荡，它们变成了最美妙的事物，我拥有了它们。如果我现在还是什么都不在乎的话，我的一生说不定就被毁灭了。
>
> 所以，我要对自己的一生一世的美妙负责！这才是真正的我！

老师让仿写《吉檀迦利》时他写道：

> 我不知我应该怎样地唱，这完美的歌曲，我总在安静地听。
>
> 你的音乐的气息让我美好，你的神圣的音乐让我忘记所有的困难。
>
> 啊，我想挣脱所有的困苦，用歌唱驱走一切的邪恶，让所有的美好绽放，我想歌唱着站在你的面前，我的主人！

老师让仿写狄金森的诗时他写道：

> 有一种感觉
> 一种很独特的感觉

它在吸引着我走向远方

它是什么神秘的东西

难道是美好的我

在拉着另一个我向前走

向着阳光之路行走

它告诉我

有另一种黑暗的神秘

如果我向它走去就会走到路的尽头

它告诉我

阳光的路有无限的美好

坚持走下去

我就可以达到自己的最好

　　他周末不回家在学校练习，寒暑假中也拿出许多时间留在学校中练习；他不只练习以前学过的曲子，也开始自学一些新的歌曲；他不只自己练习，也带着别的孩子一起练习。

　　许多个周末，许多个假日，别的孩子补完课回家后，教室中就只有桃夭老师和江小鱼。那些日子阳光总是很明亮，那个边弹边唱的江小鱼，声音也像阳光一样洒满了整个教室。桃夭老师坐在办公桌前一边做自己的事情，一边享受着这个男孩子清亮的歌声，这时候，所有的艰辛都化成了幸福，她的心也随着这清亮的歌声飞扬起来。

　　　　我要突破自己，让自己不再是以前那个调皮捣蛋的自己，我要让
　　自己脱胎换骨。我要让喜欢的吉他成为改变我的一样乐器，我要成为
　　吉他高手。

以前，我虽然喜欢弹吉他，但是却不勤奋练习，每次弹吉他时总是消磨时间，而现在，我再不是这样了，因为在这个假期里，我自学了六首吉他弹唱曲，因为我一首一首不断地挑战，我的水平提高了。这学期，我要向主音吉他挑战，我相信，我可以做到，我要让通往主音吉他的道路变成一条两边开满鲜花的光明之路！我要在所有的事上挑战自己！

江小鱼果然在所有的事上挑战自己了。除了音乐之外，有一段时间他喜欢上了乒乓球，周末时，他、小菊、杏儿常常和桃天老师一起打球，他的乒乓球水平很快成为班上最高的；又有一段时间他喜欢上了科学，很快也成为科学课上的佼佼者；他的英语是班上最棒的，学英语歌的速度越来越快，在课堂上经常充当小老师的角色，带着大家一起唱；数学张老师也越来越喜欢他，因为江小鱼在数学课上思维越来越敏捷，检测时他常常会考个前几名出来；而原来语文成绩平平的他现在写的文字也越来越有感觉了……当然，最突出的还是他的吉他水平。

美好的中心

五年级下学期一开始，就发生了一件重大的事情 —— 经过一年的准备，小种子教室的乐队在小桥歌会上闪亮登场了。

主音吉他手山、贝司手小白、鼓手天虎、伴奏吉他手和主唱江小鱼，错落有致地站在小桥上。

当鼓声响起，当吉他响起，当歌声响起，全场沸腾了！虽然后来乐队上场成了小桥歌会上司空见惯的事情，但哪次都不如这第一次带给孩子们的震撼大，不论是表演者还是观看演出的人，心情都无比激动。

桃夭老师在台下看着孩子们表演，天虎舞动的鼓槌、小白和山有些害羞但仍然在努力地弹奏的表情、江小鱼清脆的歌声，让桃夭老师激动得浑身都有些发抖了。

回想着这支乐队组建的过程，桃夭老师心中真是感慨万分。

从四年级开始教孩子们学吉他，桃夭老师就一直有一个目标，要组建一支班级乐队。

但是谈何容易。

班上有近乎一半的孩子学习都跟不上，理解力又相对较弱，学了一年了，吉他水平甚至连入门的级别都没有达到，仅仅会拨几个和弦而已，更不用说要达到弹唱水平了。

"桃夭姐，你们班上那七八个孩子肯定学不会吉他的，我建议不要在他们身上浪费精力了……"有人劝桃夭老师。

但是，看着顺顺憨憨的微笑，看着苏铁抱着吉他时的苦恼，看着皮皮在那儿对着谱子琢磨的专注，看着小创闪闪发亮的眼睛，看着杏儿单纯可爱的脸庞，看着小海坐在那儿复杂的神情，桃夭老师说："不，我们要努力地带他们，带出来一个算一个。"

桃夭老师既想要培养出优秀的孩子组建乐队，也不想让任何一个孩子落下，失去弹奏的幸福。

于是，四年级的暑假大家除了要完成平时的阅读写作外，又多了一项任务，就是挑战吉他弹奏。桃夭老师下定决心要在这个假期让孩子们在吉他上有一定的突破，她提出了大家每天最少练习半小时并把吉他练习情况和学习情况一起反馈给老师的规定。从杨老师那儿找来一些曲子，自己再挑几首曲子，加上孩子们学过的曲子，就组成了孩子们假期的主要练习曲。

而她在学校里也带着补课的孩子每天至少练习一小时的吉他弹奏，因为这些基础相对较差的孩子是要比别人花更多的时间练习才能有所突破呀。

"一生能有一样乐器相伴是件很幸福的事，老师希望你们能拥有这种幸福。"桃夭老师对孩子们说。

每天下午固定的一个小时，她自己和吉他弹奏相对较好的天虎和江小鱼分别单独辅导在校的孩子们。一首曲子一首曲子地检查，一个人一个人地过关……

终于，孩子们对吉他不再感到陌生了。

开学后，杨老师检查大家假期吉他练习情况时大吃一惊："顺顺竟然会了，小创也不错，杏儿弹唱很好嘛……"桃夭老师坐在自己的位置上看着孩子们笑，孩子们也看着桃夭老师笑。

班级整体吉他水平获得了很大的突破，除了小海和小翔外，所有的孩子都能弹几首曲子了。

桃夭老师不但让杨老师物色乐队人员，自己也不断地观察孩子们的练习情况。她鼓励过桑："你的嗓子很好，可以好好地练习吉他，将来成为主唱之一。"但是桑觉得练吉他还不如数学考一百分重要呢，慢慢地他就落下了。

假期里桃天老师动员一些资质好的孩子跟着音乐老师学习，但许多家长嫌接送麻烦不愿意把孩子送来。百灵在女生中资质最好，因为父亲不愿意接送也放弃了。

也有一些孩子跟着老师在学，但要登台演出还需要一个过程。

桃天老师给山的妈妈打电话："音乐老师表扬山聪明、能沉得住气、吉他弹得不错。请督促他多加练习哦，不懂的就让他打电话问杨老师吧。"山本来见了杨老师有些怯，但是听到杨老师表扬他了，一下子增加了勇气，在假期中不但勤奋了很多，而且也打电话请教过杨老师几次，来校后他的吉他水平突飞猛进，理所当然地进了乐队。

小白的爸爸是家长中少有的几个不惜重金给孩子投资的家长。因为小白上个假期自己在家琢磨着弹奏吉他有一些突破，虽然他有些憨，但因为他肯努力，家里又能买得起乐器，杨老师建议他买把贝司，主攻贝司。他不仅买了贝司，而且勤奋练习，不久成了乐队的贝司手。

而鼓手天虎，说起他的故事来几天都说不完。

桃天老师二年级刚接这个班的时候，每次去查看宿舍，人还没走到就常常听到怪叫声，有时去上厕所隔墙也会听到男厕中传来的怪叫声，一问，都是天虎叫的。在教室中这种怪叫虽然少一些，但时不时也会听见。不仅如此，趁老师不注意，天虎就会做出各种奇怪的表情逗大家笑，没人笑的时候他就躬着腰缩着脖子手捂着嘴自己咪咪地笑。为了让孩子们养成优雅的姿态，桃天老师没少进行礼仪教育，从坐姿，到走路，到说话，到各个方面的教养。桃天老师录下孩子们吵闹的声音给他们听，偷拍孩子们躬背弯腰坐着的照片给他们看，偷拍全班同学上课的照片让孩子们在其中找自己，自己给自己打分……孩子们的神态举止一天天地发生着变化，天虎也在变，但是变化最小的那个。

让桃天老师倍感失败的还有天虎的书写。从桃天老师接手这个班级，就特别重视孩子们的书写。她给孩子们买了字帖，在网上下载了庞中华钢笔字教程给孩子们播放；不辞辛苦地给孩子们的字画星星；为了鼓励孩子们练字，她让班上写字写得最好的几个孩子组成了书法小组，让他们由练钢笔字转练毛笔字，并请书法水平很高的刘老师来教他们，告诉别的孩子们，如果谁的钢笔字过关，谁就可以加入书法小组。班上大多数孩子的字都写得越来越漂亮了，有几个甚至比桃天老师的字都漂亮了。但是天虎几年来仿佛没练过字一样，书写没有任何进步。他写出的字永远歪歪扭扭、趔趔趄趄。低年级时桃天老师手把手地教他写字没效果；年级高了，写字时放着音乐，让他放松地写，也不行；撕掉了重写还是那样……他的字软硬不吃地容颜不改。

他的学习习惯也特别不好，老师在跟前时才做作业，老师一转身就去找人说话了，同样的作业，快的孩子十几分钟就能做完，他往往能磨蹭一个小时还完不成。为此，教数学的张老师没少跟他生气。

他的卫生习惯也不好，二年级时，桃天老师为了培养孩子们整理自己东西的习惯，每天放学前都要检查抽屉整理的情况，他和小文、小海、江柳总是班上最乱的几个孩子；平时他的手也总是脏兮兮的，指甲又黑又长，听到老师要检查卫生了，才急急忙忙地借指甲钳剪指甲。

他也是班上最拖拉的一个。每天课间上厕所，他的时间肯定最长，到了厕所先玩，逗大家笑，别人走了，他一个人还在厕所呆着。有一次他蹲厕所时间太长腿发麻桃天老师以为他生病了，弄到校医室时才搞清楚是怎么回事。每次吃饭，他也最慢，先是忙着说话，别人走了，他才慢吞吞地开吃，吃完了再不慌不忙地走回教室。所以，每次饭后他也回教室最迟。大家开玩笑送了他一个雅号："翩翩公子"。他自己也很羞愧，也多次在暮省时发誓要改，但每次坚持不到一两天又故态复萌。

而且，长长的寒暑假他基本上不做作业。找家长谈话，家长总说："我管不住他，他不听我的话。"谈得多了，桃天老师也觉得很累。后来桃天老师想，是不是因为他妈妈开了家小吃店，店里人来人往，导致他没法安静地写作业，不想再找家长谈话的桃天老师干脆假期也带着他在学校学习了。

假期读书最快的孩子这几年来由每天几千字到几万字再到每天十几万字，

到现在甚至每天可以达到三十万字左右的阅读量了，而天虎常常是一个假期几十万字或者一百来万字，而且全都是桃夭老师在学校时带着读的，他自己在家中是从不愿多读一句的。他的作业也大多就停留在桃夭老师带他时做的进度，读书量不会增加，写作也不会多写一篇。这个假期好了一些，多多少少能自己完成一些作业了，但和别的孩子的挑战精神相比实在是天上地下。

假期中桃夭老师只要上街，多半都能看到天虎骑着自行车在街上疯窜的身影。每个假期来校后，他和杏儿都是班上变化最大的两个孩子，皮肤晒得黝黑，脸上全是风吹日晒过的风光。

有时候桃夭老师觉得挺失败，虽然他爱怪叫的毛病改了不少，但是迟到的毛病和书写的潦草却始终如一。原来和他水平差不多的小米、兰兰、皮皮都在突飞猛进地成长着，理解力明显不如他的苏铁、小海、小创、杏儿、顺顺也都在自己的基础上飞速地提升着，变化着，天虎却依然如故。

但是天虎也有一般孩子不能比的地方，他的节奏感特别好。在音乐的感觉上和江小鱼不相上下。四年级时，学校招聘了一位音乐老师，鼓打得很好，要办一个鼓手培优班，在班上选人时，第一个挑上的就是天虎。而在培优班中，他也是进步最神速的一个。

看他对打鼓有兴趣，天赋也比较高，桃夭老师就向他妈妈建议给他买副架子鼓供他练习。虽然他们家经济不太宽裕，但是因为只有这一个男孩，而且是家族中唯一的男孩，在家里很受宠，孩子喜欢，家里人就同意了。八百块钱买了一副二手鼓，总算有练习的鼓了。从此，每个周末，每个晚自习下课后，他都要去四楼的鼓房练一会儿，很快，他和那些比他学得早的孩子都不相上下了……

此刻，他在舞台上，舞动着鼓槌，全然不见了平时那种滑稽的表情，一个充满朝气的阳光少年在彩灯下闪耀着他的光彩。

而江小鱼，假期有很多时间住在学校，除了每天固定时间跟杨老师学弹吉他外，桃天老师在指导他的学习的同时也在督促着他练习吉他，一个假期下来，他又挑战了好多首新歌。

就这样，班级音乐方面的核心力量慢慢地形成了，小种子教室的乐队终于建起来了。他们很快定好了第一首演唱的歌曲，整个暑假，在别的孩子玩耍休息的时候，他们每天下午都在为新学期的演出练习再练习……

此刻，他们站在台上，彩光灯打在他们的身上，梦幻一样美丽……

班上的孩子们沸腾了，使劲地为台上的他们鼓掌。他们的音乐，不只震撼了孩子们的耳朵，更震撼了他们的心。

小桥歌会结束后，晚上暮省时间，桃天老师没有说什么，大家清一色地写的都是乐队的事情：

有赞美的，例如兰兰写道：

> 今天，我很高兴，因为我们班的乐队终于开始演出了。今天正好是乐队的第一次表演，我们大家都非常激动，第一个节目就是我们班表演的，我们大家都很期待。一直等啊等，最后终于开始了。天虎敲架子鼓的时候很帅，江小鱼、山、小白他们弹吉他和唱歌的时候都很潇洒。我们一直都在激动地看，很用劲地拍手，然后大声叫好。天虎敲架子鼓敲得很棒，我很喜欢。

有感到恐慌并激励自己的：

> 今天我们班的乐队首次亮相，取得了爆场！不过，我的心中却似冰火两重天。冰一重是我恐慌他们远远地超过我，而我赶不上他们；火一重则是我为我们班级感到骄傲。我的心中就像打翻了五味瓶一

样，各种情感齐涌上来。这一刻，我似乎呆住了，又像是恐慌到了极点，我仿佛一只幼小的落后于别的同伴的鹰一样，一下子恐慌不已。（小文）

在小桥歌会上，我的心里别有一番滋味在心头。我的好朋友小白，一开始不如我吉他弹得好，但是我的愚笨的心被懒惰战胜了，于是，我便不再好好地弹吉他，小白却以飞机一样的速度赶了上来，很快便超越了我。唉，我就是《龟兔赛跑》中的那只懒兔哇，竟然会去睡大觉，而不去想想乌龟正在追上来。哎，人就是这样，太轻易地以为自己厉害，而不去想想别人的努力。从现在起，我要做那只踏踏实实的乌龟了。我一定要赶上去。（桑）

今天，我们班的乐队终于上演了，我又高兴又难过。高兴的是我们班的乐队大出风采，那时，我发现江小鱼的声音更洪亮了，山站得更直，而且比我以前认识的山更帅了，天虎和小白也都演奏得很好，每个人都很尽力。我看见别的同学在舞台上出风头的时候，就不由得在心中警告自己：如果我再不好好学，就会输得很惨。听桃天老师说，要把桑培养成摇滚歌手，我也下定了决心，不能让自己落后于别人，我必须加大马力，勇往直前。（荣）

文化课上没有对手的凯，一直比较轻视弹吉他，此刻，虽然自我安慰在其他方面要超越乐队的人，但是，其实他的心中也酸溜溜地觉得自己不如人了：

今天，是一个重大的日子，我们班的乐队首次登场了，实在太帅了。天虎敲架子鼓时竟然激动得把鼓槌都震飞了，但这并没有影响他的继续演奏，小白的贝司优雅自如，山的吉他声震全场，江小鱼的歌声高亢洪亮。看他们表演时，我心里在想，这些人都是我的好朋友，为什么他们如此威风，我却只能欣赏？我要努力地在其他方面超越他们。

作为乐队的成员，他们也经历了一次巨大的挑战和锻炼。

从早上开始，山就坐卧不宁了：

今天是星期一，是令我非常激动的一天，因为，今天我们的班级乐队要上场了。中午的时候，我们认真地练习了几遍，杨老师一直在笑着看着我们，她脸上的表情是很快乐的，于是，我满怀欣喜地回到了宿舍。但是，突然我又想退缩了，因为，下午要面对那么多的观众。我不断地给自己打气，又重新鼓起了勇气，终于，我不再恐惧了。时间在一分一秒地流逝，终于到我们表演的时候了，刚上舞台，我又开始胡思乱想，总怕弹错了。不过演出时，我努力地告诉自己要放松，终于，我顺利地弹完了，台下掌声响起的时候，我也很激动，这是我经历的一场最大的挑战。

而小白很可爱很老实地交代了自己的紧张：

在今天晚上的小桥歌会上，我们班的乐队也上去表演了，我也是乐队中的一员，我是贝司手，但是我上去后特别紧张，什么也不敢想，只看着左手的和弦，连头也不敢往上抬，就怕弹错什么。我们上面几个人心中紧张极了，因为这还是我们乐队第一次上台表演，我什么也不敢动，连脚也不敢动一下，站在那个地方像个木头人，因为我实在太害怕自己弹错了，如果弹错了，我们都会乱了阵脚。还好，我顺利地弹了下来，直到弹完，我的心才放下来。

因为桃夭老师说过，乐队的人员可以更换，后面每一首歌曲，谁弹得好谁就上场，许多孩子也萌生了要登上小桥演奏的心，练吉他也用功多了。

乐队中还差一个键盘手，翠翠在假期里已在做准备了，她家的经济情况是班上最好的，买电子琴根本不算什么大事，所以，很快，她就如愿以偿地带着刚买的电子琴跟着张老师学习了。

"我什么时候能在乐队里弹电子琴呢？这一切的一切肯定还需要好好地练习，我要努力再努力地练习！"翠翠自己鼓励自己。功夫不负有心人，第二场演出时，她就成了乐队正式的键盘手了。

五年级上学期时，为了激励孩子们练习轮滑的热情，桃夭老师也开始学习轮滑，虽然可以滑了，但是因为有一次在练习时去接听小海妈妈打来的电话，分了神，不小心把胳膊摔骨折了，不但轮滑练不成了，连吉他也弹不成了。本来弹吉他她就没有基础，凭着在音乐课上跟着孩子们一起学习再加上刻苦练习，然后热蒸现卖地协助音乐老师辅导班上的孩子，现在一放下，很快就跟不上孩子们的进度了。如今，班上许多孩子的水平都超越了她，她除了替孩子们打打节奏外已不能再指导孩子们弹奏了。她现在能做的就是督促鼓励，调控安排小组练习。

而乐队的几个孩子现在俨然成了美好的中心。

每天傍晚，他们几个要么在一起讨论或练习着乐队的新曲子，要么在班上带着大家练习。

"江小鱼，来，到前面来，给大家教一下这首歌的和弦，带着大家练习几遍。"

"山，过来，带着大家练习一下这首曲子。"

桃夭老师时常只要这样说一声，就可以站在教室后面欣赏高大的山或者伶俐的江小鱼带着大家练习的美妙场景了。

小老师越来越多了，百灵弹得越来越好，熙弹得越来越好，彤弹得越来越好，一个一个的孩子优秀起来，一个小组一个小组的孩子突显出来。在优秀的孩子的带领下，大家越来越能挑战自己了。

荣深有体会地写道：

刚发下《画》的时候，我傻了，我呆了，整页的大横按，这能练会吗？

…………

我立马请教那些吉他技术相当好的人。

我让江小鱼教我，让百灵教我，也让彤、天虎指点我，他们教我的时候，我再也不敢大意了，而是认真地学习。我练会节奏了，我练会大横按了，虽然有时候还是按不住。但我不再请教别人，我知道这会儿需要自己练习了，于是，我一个人慢慢地钻研，练习……终于，我成功了。

第二周吉他课前，我还是有点儿害怕，我问旁边的兰兰："你怕吗？"她骄傲地说："不怕。"她问我，我则说："有点儿。"不过，我又给自己打气说："不怕，因为我认真练习了。"

上课了，杨老师又让我们一起弹《画》，我很兴奋地弹着，但由于太过兴奋，我把一个拨片都弹烂了。杨老师这次终于没再说我浑水摸鱼，我也终于体会到了弹奏的快乐。

这次吉他风暴，我经历了风雨，也看见了彩虹。它让我知道，一个人只要对一件事念兹在兹，认真对待，哪怕再难的事也会做得很好。我希望以后对待任何事，都能像我对待吉他弹奏一样，突破它，战胜它，一步步往前走。像我的吉他技术不断提高一样，我的人生也一定会走向更高的境界，我一定会收获到许多意想不到的快乐。

江小鱼已能自己钻研着解决问题了，他毫无悬念地成了乐队的灵魂人物，也成了学校里最闪亮的一颗明星，尤其对低年级的孩子来说，江小鱼哥哥那可真是崇拜的偶像啊。而江小鱼的变化，连他自己都感到吃惊：

　　现在，每天下午练吉他时，我都快快乐乐的，因为总能学到一些新的东西。比如：在这周的星期二练吉他时，我弹会了《曾经的你》的节奏，而且已经弹得非常非常熟练。星期三下午练吉他时，我又发现了和弦的规律，把五和弦推出来了。后来因为小白在为《曾经的你》这首歌的贝司和弦烦恼，我就仔细地想，只要把五和弦的手指放掉一个就推出来了贝司的和弦，这样，我就帮小白解决了问题；星期四下午，我练了十几分钟的《曾经的你》的主音，又弹会了，然后一遍一遍地练习直到弹得滚瓜烂熟。

　　…………

　　从开始学习吉他弹奏到现在，两年的时间马上就要过去了，我有时候就问自己，我变了吗？我有什么不同了吗？音乐，确实是改变我的最好的东西，是音乐让我现在的脾气越来越好，让我不再动不动就去打人骂人，音乐真是改变了我呀。

山的主音吉他弹得也越来越棒。这个高大的男孩，虽然个子都快赶上大人了，但内心单纯可爱，常常表现出一种和他的身体不协调的羞怯，演《绿野仙踪》中胆小的狮子时，演得活灵活现的，因为那就是他。现在要经常站在舞台上，对他来说无疑是一次次挑战。好在，他知道练习就是一切，虽然桃夭老师是外行，但也越来越能感受到他弹出的那种美妙的感觉了，他的水平已和班上其他孩子不可同日而语了。但是，这个谦卑的孩子，在后来的回顾中，却把自己的进步归功于老师：

这学期，我变了

"回首向来萧瑟处，归去，也无风雨也无晴。"我现在在回首着，回首着这一个学期，有一个对我的生命有帮助的人显现在我的脑海里。在来雨时，她为我们撑着伞；在雨过天晴时，她让我们去接受这大自然的滋养。她就是桃夭老师，她是小种子教室中每一粒种子的风向标。桃夭老师帮助了许多同学从不美好的世界中走出来，甚至使其中一些人成了班级的美好中心，当然，我也不例外。

记得我们乐队组建后，第一首主打歌曲是《静止》。可以说，教音乐的杨老师是促使这首歌曲成功演出的王牌教练。可是，真正的幕后支持者还是桃夭老师呀！那时的我以为要用很长的时间才可以把这首歌排好，可是，由于桃夭老师在旁的督促鼓励，这一首歌曲很快就排练好了。桃夭老师给我们浇水，施肥，还给予了我们一片音乐的乐土，这件事才可以这么快就取得成功。过去我对弹吉他这件美好的事是麻木的，但如今，我已在一点一滴地感受着它的美好。我努力地练习着，因为只有这样，桃夭老师对我的期望，对我的鼓励，才不会失去效用。

桃夭老师不仅督促我们乐队的同学练吉他，班上的其他同学，她也经常带着练。有时，桃夭老师竟然会牺牲掉午睡的时间，陪我们练吉他。桃夭老师身体不好，可是为了我们，竟然这样大方。桃夭老师的种种举动，不仅仅改变了我在乐队中的地位，还让我对吉他有了一种全新的认识，我现在不仅仅是会弹一首首曲子，还经常在弹奏的时候有了一种飞翔的感觉。弹会一首曲子时我欢欣喜悦，学习新曲子时我万分激动。而这一切，全部都是桃夭老师为我们带来的！

因为桃夭老师的付出，我觉得，我变了，我时时刻刻都想去学习，我不想让桃夭老师为我们偷偷地伤心哪！

临近期末考试的时候，我们便开始做题，我认为，桃夭老师对我们很好，她既不像有些老师那样让我们做那么多题，又让我们能飞快地进步。我的试题之所以可以答得令自己满意，我觉得，这一切都应该归功于桃夭老师，除了她还能有谁呢？

在桃夭老师的指导下，我会在每一个学期都努力改变自己的！

海棠果哪儿去了

学校园地中种了一排海棠树，因为在"农历天空下"课程中学过几首海棠诗，大家对这些海棠树也有了几分别样的感情。海棠花盛开的时候，经过这些树的旁边，大家都会忍不住停下脚步去闻闻花香；海棠花落的时候，看着飘飞的花瓣，大家也不由得心中感到隐隐地痛惜；当海棠果翠生生地挂满了枝头，大家抑制不住心中的喜悦；听老师说这些果子在成熟后会变得像红宝石一样漂亮，大家又不由得充满着期待。

可是，却出现了意外。

"老师，园子里的海棠果不知被谁摘得不剩几个了……"曾经写过说自己要开出一朵美丽的海棠花的皮皮大惊失色地跑回来告诉桃夭老师。

"老师，海棠果没有了……"桑慌慌张张地跑了回来。

"老师，海棠果被摘了……"

孩子们一个接一个地跑回来，教室中刮起一阵阵伤心的风、气愤的风。

"你们有没有看到是谁摘的海棠果？"桃夭老师问大家。

"没有……"

"没有……"

"昨天还好好的……"

"老师，昨天晚上我见到小翔拿了几颗海棠果给低年级的孩子吃……"江小鱼突然记了起来。

"是的，小翔还给我，我没有要。"

"我也见到他给低年级孩子了……"

三四个和小翔同宿舍的孩子都喊了起来。

"好了，老师知道了。老师过会儿问一下小翔，看他的海棠果是从哪儿来的。"小翔那时还没有回到教室，桃夭老师先安抚大家的情绪。

下课后，桃夭老师把小翔叫到了办公室。

"你是不是摘了海棠果？"

"嗯，嗯……"小翔哼哼哈哈地拖着音。看样子，是他摘的无疑了。

"你怎么想起来摘海棠果的？"

"昨天吃完晚饭后，我和四年级几个男生走过时，他们说果子可以吃了，我们下了晚自习就摘了几个……"原来还有几个同谋。

看到小翔一脸无辜的样子，桃夭老师突然想起了最近看到的一则新闻，有几个路人把人家种在路边的芒果摘了，还振振有词，说他们以为是无人看管的果子，摘了没关系。桃夭老师决定把这两件事当做今天的暮省来讨论。

"这些曾经把美丽的花儿奉献给我们的海棠树，我们应该如何对待它们奉献给我们的这些小果子？到底能不能摘呢？"桃夭老师问孩子们。

"不能摘。"大多数孩子这样喊着。

"为什么不能摘呢？果子不就是摘下来吃的吗？"桃夭老师再问孩子们。

有一些人犹豫了，觉得摘也不是，不摘也不是。

"我觉得还是不能摘，因为还没有成熟，等成熟了摘下来全校同学分着吃才好。"凯说。有不少孩子点头，"是呀，海棠果还没有成熟呢。"

"是这样吗？成熟了就可以分了吗？那你们看那些果子够全校孩子们分吗？"桃夭老师这样问，孩子们笑了。

"学校栽这些果树是为了什么呢？只有十几棵杏树，几棵苹果树，一些只开花不结果的桃树，一些榆叶梅……学校栽这些树的目的是什么呢？"桃夭老师再问大家。

"是为了让我们看它们开花。"

"是为了让我们观赏。"

"是为了让我们的校园更美。"

"是呀，我们校园中的果树是为了让大家欣赏的，是园林中的观赏树，园林不等于果园哪！园林是用来观赏的，用来美化环境的，而果园中的果子才是用来吃的。"

"那难道成熟了也只能看着它们落在树下吗？"桑问道。

"问得很好。给大家看一则新闻。"桃夭老师出示了那则有关芒果的新闻给大家：

据新京报报道：6月25日傍晚，广东顺德，陶某和刘某路边摘了十几个绿化芒果，被警方拘留5天。家属质疑警方抓人前曾有治安人员现场录像但未制止，有"钓鱼执法"的嫌疑。昨日顺德警方回复称二人是在民警巡逻时被发现的，并认定他们摘绿化芒果的行为属盗窃行为。

"警方为什么会认定此二人的行为是盗窃行为？"

"这是绿化芒果，用来观赏的，不能摘的。"受刚才讨论的启发，孩子们这次意见比较一致。

"如果这些芒果是果园的就可以摘吗？还有没有不能摘的理由？"

大家脸上有些犹疑。

"你能随便去摘你邻居家果园中的果子吗？"桃夭老师再问。

这下孩子们明白了："不能摘，因为不是我自己家种的，不管它长在哪里都不能随便摘。"

"是呀，这跟别人的东西不能随便动是一个道理，动都不能随便乱动，更不用说据为己有了。"

"那么，我们校园中这些果子成熟了能否摘下来吃了？"又回到了桑刚才的问题。

"不能，因为这些树不是我们班自己栽的。"孩子们很可爱地回答。

"是呀，这是园林，是美化我们的环境的，即便是成熟了，也要看学校的安排，我们自己不能随便就去摘来吃掉。"

"你们能想象当冬天大地上一片枯黄时，而在我们的学校里，在你们去食堂的路上，随时能看到红红的海棠果挂在枝头装点着我们的校园、愉悦着我们的心情的场景吗？"

"小翔这次把全校孩子都期待的海棠果给摘掉了，这些果子还没有成熟，还来不及把它们最美好的时刻奉献给大家就被摘下了，桃夭老师真是感到遗憾，感到对全校孩子很抱歉……"

"我们班还有没有人摘果子？"老师问。

孩子们摇头。

"还有没有孩子发现小翔摘果子？或者看到小翔拿着海棠果没有及时告诉老师？"

有几个孩子举起了手。他们都看到了小翔拿的海棠果，但都没有想到是在园林中摘的，所以也就没有当回事。

"作为最高年级的我们应该在学校中充当什么角色？"

"要爱护我们学校的花草树木，如果看到有人破坏就马上制止。"

"要成为低年级孩子的榜样。"

"是呀，我们要做美的守护者，让我们生活的校园因为我们而美丽！"桃夭老师顺着孩子们的话说。

"当你明年离开的时候，这些园林中的树木会成为你最美好的记忆，这些海棠树、这些杏树、这些杨柳都会和你依依话别；当你五年十年后再回母校的时候，这些杨柳更会对你依依情深……但这都取决于你今年如何对待它。作为校园主人，我们在美好的校园中，应该充当守护者的角色。爱惜校园中的一草一木，创造美、守护美，像一朵花一样装点着我们的校园！"

孩子们看着老师在大屏幕上出示的校园中一张张风景图，静默一片。

"小翔是我们这个大家庭中的一员，他犯了错，我们有没有责任？我们应该如何弥补他的过失？"桃夭老师又问班上的孩子们。

大家看小翔，小翔低着头。桃夭老师知道，对于小翔，不能像对待别的孩子一样只是批评。

他到现在还不能认字，不能读书，和大家交流时翻来覆去说的就是他家的羊跑了之类的话，和别的孩子其实是没有多少共同语言的。尽管桃夭老师想方设法让班上的孩子关心他，尽量和他一起玩，但他还是和大家玩不到一起。踢足球记不住章法，老是犯规；打乒乓球学不会，上次竟然不小心一球拍把小文的头打了一个包，小文的爸爸因此对桃夭老师大发其火……大家对他的好就是有空就讲故事给他听，教他认认字，吃饭睡觉时和他一起不让他落下。但其实，这些仍然弥补不了他和大家不能交流造成的疏离感。

因此小翔爱和低年级的孩子在一起，爱帮他们打扫卫生，帮他们浇花，和他们一起玩耍。这也就是为什么小翔摘了海棠果之后拿给一二年级孩子吃的原因。

每当想到小翔，桃夭老师心中涌起的就是无比的愧疚。她原来说的要教会小翔读书认字的誓言随着时间的流逝在一天天化为泡影，虽然她还在教，但是连她自己也不抱希望了，或许这样做，仅仅只是为了让自己和小翔都有一点点安慰，让班上的孩子和小翔都感受到老师对小翔的关心，让大家都感受到小翔是这个大家庭的一员而已。

所以，这次事件，她不想过多地批评小翔，她不想强化小翔和大家的疏离感。她要让全班孩子意识到自己对小翔的责任，对维护校园环境的责任。

"小翔是我们这个大家庭中的一员，他犯了错，作为家庭成员的我们也有责任。首先老师平时没有叮嘱过这件事，当负最大的责任。你们能说说我们还有什么责任吗？我们应该如何弥补他的过失？"

"我们去打扫校园卫生，用这种方式给全校孩子道歉。"

"我们要更加爱护校园中的一草一木，不让它们被破坏。"

"以后我们要多和小翔玩耍。要告诉他哪些东西不能动。"善良的荣说。

"其实小翔摘了海棠果自己也不吃，就是为了给别人，可能我们对他关心不够，他才去讨好别人。"有孩子认识已相当深刻了。

"我们以后要多关心他。"

小翔终于忍不住哭了，桃天老师的心中也酸酸的。

"其实你们也知道，小翔给我们班级、我们学校也做了不少贡献。"桃天老师出示一张张图片：

"花房送给我们的这株香水百合是小翔种出来的。"此刻，窗台上小翔种出的香水百合正在散发着香气。

"这两株清雅美丽的蓝雪花是小翔栽的。"

"这两盆倒挂金钟也是小翔栽的。"

"学校干净的湖面也有小翔的一份功劳。"课外活动时，大家也常常看到小翔打捞湖面杂物的情景。

"学校的废品回收间一直以来都是小翔在整理（后来才移交小鸟教室的孩子们整理）。"

…………

"可以说，学校中处处有小翔带给我们的美好。他默默地为我们做了好多美好的事，也许我们都没有注意到。"孩子们的表情变得肃穆了，他们看着小翔的眼神不一样了。

"小翔犯了错我们不姑息，但也不因此抹杀他所有的好。我们感谢小翔为我们做的这一切，感谢他带给我们的美好！我们喜欢带给我们美好的小翔！他是我们这个大家庭的一员，我们对他最大的爱护就是帮助他知道哪些事可以做，哪些事不能做，遵守规则，成为一个文明的孩子，成为一个堂堂正正的男子汉。我们帮助小翔也是帮助我们自己。"桃天老师的声音有些异样。

一周之后，因为承担二楼圆厅浇水任务的几个男生浇花时把水洒得到处都是，小翔主动承担了二楼花房的浇水任务，并且干得很好，几个男生很羞愧。

很多孩子在暮省时都提到了这件事，平时高傲的小文竟然也说：

今天，小翔帮我们浇花，我们两个组都没弄好，他一个人包了所有的活儿，一下子就浇好了，而且连一点儿水渍都没有，一片落叶也没有，这是我要向小翔学习的，一个人有美好的行为才能说是好学生，我要向他学习！

小翔跟着刘老师学种花，不只给小种子教室种了不少花，学校花房也因为小翔的努力而别有一番天地了：

他种的小白菜发芽了，他扦插的鸭脚木成活了，他养的四季海棠需要换大盆了，倒挂金钟长得也不错，他还把花房收拾得干干净净的。

"刘老师任命小翔为花房老板了，好光荣啊！"桑羡慕地跑来告诉桃夭老师。

人们说学生要先学做人，我觉得小翔就做到了这一点，他虽然学习不怎么在行，可是，他还是证明了他自己，他像泰戈尔的诗句中说的那样，献身在阴影里做了叶的事业，其他人的事业是甜美的，他的事业却是谦逊的。以后，我也要做一个叶子般的人。

大个子山充满敬意地写道。

像风一样自由

  每年春秋两季，常会看到全校的孩子像小鸟一样从校门中滑出，飞一样向公园冲去，这是学校组织的轮滑游活动。轮滑课程是学校的特色课程之一。春天，孩子们滑着去欣赏桃花杏花；秋天，则滑着去欣赏金灿灿的杨树柳树，他们也成了公园独特的风景。

  小种子教室的孩子们相比低年级的孩子，技术上明显弱了许多，但也人人都会滑了。去年的时候，全班所有人是戴着护具一齐出发的，虽然个别同学出了校园在大坡上不敢滑，但在公园的平地上大家都体会到了飞翔的感觉。

  今年情况有些特殊。

  首先是翠翠走路时不知怎么回事，把腿扭伤了，现在还不能穿轮滑鞋；然后是小翔的轮滑鞋坏了，小海的轮滑鞋在家里没有人给送来，所以，这三个人只能和老师一起走着去了。

  技术好的孩子出了校园，就飞了起来。

  大个子山此时觉得自己就是自由的风：

    轰轰轰，轰轰轰，一道道凛冽的风从我的身旁呼啸而过，好比金戈铁马从我身旁疾奔而去！

    …………

    风，不再是我害怕的对手，我已开始喜欢那轰轰作响的风！那个以前害怕狂风的男孩，如今已在努力地追寻它。风，我的目标！自由在前方！当初那个怯弱的男孩，那个不敢伸出手去触及风的男孩已经消失了，同时，一只小小鸟已经在展开翅膀飞翔了，已展开那远伸的翅梢，向着美好飞翔了。

而百灵，把轮滑鞋当成了自己的小马儿：

…………

啊！终于滑到那个大坡上了，那个最有挑战的大坡。桃夭老师让技术好的人上去滑，让我们留下。他们风一般地上去了，又像一道闪电一般飞速下来，好帅呀！终于，我的小骏马醒了，它也看见了它的伙伴们的快乐，不顾一切地带我往山坡上爬，而我只让它爬到半山坡就控制它停下来，我的小骏马估量了一下，就冲下了山坡，好爽啊！我觉得我变成了一阵风，一道闪电，又像一个骑马的内蒙古小伙子，驰骋在草原上……

一路上，桃夭老师骑着自行车，走走停停地操心着后面的小海，因为小海一向身体不好。她还记得，二年级第一次春游时，小海的家长再三叮嘱，桃夭老师派了同学专门照顾着小海，自己一路上也尽量和小海走在一起，小海的爸爸还是不放心地在后面开着车尾随了一路。

今天，别人都在滑行，小海步行能吃得消吗？而且天这么热！早上桃夭老师就征求过翠翠和小海的意见："如果走不动就可以不去了。"俩人都执意要和全班同学一起行动。

而且，小海不知哪儿来的一股英雄气，执意要帮几个同学背着包，里面装着几个同学的运动鞋。人家滑行，他背着包走在一边，雄赳赳气昂昂的。下坡时他不时地还要去扶一下轮滑技术不太好的孩子。

看他状态很好，桃夭老师叮嘱了几句就骑着自行车先去看前面的同学了。

到公园的入口时，路平了，大多数孩子都滑了过来，翠翠因为是坐着别的老师的自行车过来的，也早到了。她因为不能滑有些落寞，看着别人滑行的眼神，明显地流露出羡慕。

"翠翠呀，这是多么宝贵的体验！平时你都跟大家一起滑行，今天你能看着别人滑行，这可是只有你才有的独特体会呀。"桃夭老师安慰翠翠。

可是小海还没有到，下坡的时候受他帮助的几个孩子因为在平地上可以自己滑，现在也早到了。桃夭老师站在入口等着，心里七上八下的。一会儿，擦破了手的荣和陪伴她的小米也滑过来了，又过了一会儿，小海的身影出现了，走得急急匆匆的，桃夭老师骑着自行车过去："要不要骑一会儿自行车？""不要。"小海边走边回答，虽然大汗淋漓，仍然雄赳赳气昂昂的。他原来背着的包不见了，手里拿了几瓶矿泉水，说是给同学们拿的。

因为公园中有许多台阶，也有一些孩子脱掉了轮滑鞋，换上了运动鞋。桃夭老师骑的自行车被小翔推走了，平地上他推着，上台阶时他就扛起自行车；桃夭老师的包也挂在了小翔的身上；当别的孩子帮忙推自行车的时候，桃夭老师把那个小的相机交给小翔，教给他怎么拍摄之后，就让他拿着相机给同学们照相了。小翔乐颠颠地举着相机走在前面。

大家走走停停，走走玩玩。时间很快过去了。回到学校的时候，已经下午五点多了，晚饭后桃夭老师带着全班一起做总结。

"谁是今天表现最棒的孩子呢？"

有人说是小翔，因为他帮老师扛自行车拿东西，还帮大家照相；也有人说是荣，虽然手划破了，但仍然坚持了下来；还有人说是小海，因为他帮助了不少人。小海自己也觉得很自豪，他写了一篇文章交给桃夭老师：

看同学飞翔

今天，我没有像他们那样穿着轮滑鞋飞一样滑行，而是帮我的朋友们拿各种东西。

我们走出校园，那一刻间，我背着包，里面装的是几个同学的运动鞋，老师说让我们几个人轮流背包，就走开了。我和凯走出校门，和大家一起下那个很大的坡。凯和小白的轮滑技术不太好，我拉着他们缓慢地往下走，那个坡真是陡，当小白和凯被我送下去时，我觉得自己很强大。

　　发现不见荣他们，我又跑回去转了转，只看见二年级的学生和老师一个个地滑过去，我就停住了脚步。最后，岐、荣、米兰他们几个终于来了，我很高兴地迎上去。米兰急急地问李老师有纸巾吗？李老师说没有，我急忙找出自己身边所剩无几的纸巾，递给了米兰。下一刻我惊得愣住了，荣的手上全是血，米兰用纸巾小心地帮她擦着。我幸亏等她。

　　擦干净血迹，荣和米兰也滑走了，我的耳边响起凯和小白的声音，我抬头一看，我们班的同学都在公园入口前等着我，桃夭老师也在等着我，凯和小文在喊着我的名字，我急忙跑过去，像英雄归来一样。公园的路上有一段台阶，也是我帮凯和小白下的台阶，我看见凯可以扶着拉杆上上台阶时，我就开始帮小白了，还有，在途中我也帮他们拿水。

　　最后，我们回到了学校。我觉得，今天我很厉害，因为，我走了很长的路，背了很大的背包，今天我觉得我是我们男生中的英雄。

桃夭老师把小海的文章读给孩子们听的时候，教室中响起了热烈的掌声。

我们的小海正在努力地站起来！

桃夭老师想起了上次小桥歌会。因为小创前一次在老师的鼓励下上台说相声赢得了大家的掌声。桃夭老师趁热打铁问小海："你想不想也挑战一下自己？"

小海竟然笑着说愿意。

桃夭老师马上给他找适合的相声稿，修改、打印，并很快地把稿子给了小海，带着他读了几遍。

第二天早上，桃夭老师起床后无意中站在窗边往外一看，正好看到小海边走边在背着什么，桃夭老师以为他在背晨诵诗，后来一问才知道，他在背相声，平时背诗比登天还难的他，竟然只用了两天时间就把相声稿大体背下来了。然后，每天在桃夭老师跟前背五六遍，一星期下来，桃夭老师和他都背熟了。和他对白的是岐。岐的程度好一些，两个人练着练着动作也加上了，举手投足之间俨然有些相声演员的风度了。周一表演时虽然小海由于紧张，忘了动作，但台词流利地串下来了，两个人表演的整体效果还不错。走下舞台后小海一头大汗，但很有成就感地说："今天我很了不起，那么长的相声，我成功地说下来了，原来我也很厉害。"

我们的小海，我们的科林，终于不再只是被人照顾的角色了，他终于也能照顾别人了，终于也敢站在大家面前告诉众人："我在这里了！"。

而翠翠，也收获了一篇美文，她在文章结尾写道：

> 看到同学们飞翔，我不再妒忌，我悟到了几分别的道理，其实人生也像这一次轮滑游活动一样，我们有时会飞起来，有时却只能看着别人飞翔。这一次我虽然没有飞起来，并不代表我的人生之路没有飞翔的时刻，哪怕像这次，我的眼睛看着别人在飞，我的心也在自然中飞翔一样，我可以换种种方式飞翔。

"亲爱的小海、亲爱的翠翠、亲爱的小种子们，让你们的生命真正地飞翔起来，以各种方式飞翔，勇敢而自由地飞翔吧！"桃夭老师默默地在心中对孩子们说。

请铲除我心里贫乏的根源

47

夜已将尽，等他又落了空。我怕在清晨我正在倦睡的时候，他忽然来到我的门前。呵，朋友们，给他开着门罢——不要拦阻他。

若是他的脚步声没有把我惊醒，请不要叫醒我。我不愿意小鸟嘈杂的合唱和庆祝晨光的狂风，把我从睡梦中吵醒。即使他突然来到我的门前，也让我无扰地睡着。

呵，我的睡眠，宝贵的睡眠，只等着他的摩触来消散。呵，我的合着的眼，只在他的微笑中才开睫，当他站在我面前，如同酣眠中浮现的梦。

让他作为最初的光明和形象，来呈现在我的眼前。让他的目光成为我觉醒的灵魂最初的欢悦。

让我自我的回归成为对他直接的皈依。

桃夭老师让大家先自己读一下这首诗。

今天和往常不一样，往常读《吉檀迦利》时，大家正襟危坐，仿佛真的在聆听美好的召唤，教室里弥漫着一种神圣而庄严的气氛。

今天读这首诗时，许多人脸上都有一丝忍俊不禁的笑意，几个男孩子更甚。

"小白，你能说说你为什么读这首诗时不由自主地笑吗？"桃夭老师叫起了笑得最情不自禁的小白。他不语，还是笑。

"因为这首诗提到睡眠了，小白最爱睡觉了。"他的舍友们笑着说。

"哦，原来说到你们最亲切的话题了，你们读哪一句感到最亲切呀？"桃夭老师也笑了。

"呵，我的睡眠，宝贵的睡眠。"有人说。

"若是他的脚步声没有把我惊醒，请不要叫醒我。"有人说。

"即使他突然来到我的门前，也让我无扰的睡着。"

这帮小家伙，桃夭老师早上刚刚因为他们赖床的问题批评过他们，这会儿这首诗他们就觉得是对他们睡懒觉的最有力的支持了。

"我明白了，你们想说'即使桃夭老师来到我的门前，也让我无扰的睡着；若是桃夭老师的脚步没有把我惊醒，请不要叫醒我'，看来这首诗真是在替你们说话，说出了大家的心声啊。泰戈尔可真是太理解大家了。"桃夭老师笑，大家也笑。

"那么，你们有没有发现这首诗中描写的诗人和你们不一样的地方？"桃夭老师笑着问。

山说："'我的合着的眼，只在他的微笑中才开睫'，他醒来迟了，但美好的他依然对他微笑。"

"你的意思是你们睡迟来到教室，桃夭老师也应该依然对你们微笑？但桃夭老师不但不笑而且还要批评，真是太不好了。"桃夭老师和山开玩笑，山憨憨地笑着。

"好，还有什么不一样的？"

桑说："'呵，朋友们，给他开着门罢，不要拦阻他'，我们睡觉时不是开着门欢迎老师的，而是关着门的。"大家更忍不住笑意了。

"你们恨不得把自己关在里面不出来，把老师关在外面永远不要打扰你们吧……"听老师这样说，大家笑得更欢了。

"还有什么和你们不一样的呢？"桃夭老师再问。

小文说："夜已将近，等他又落了空，"

呵呵，这下可被老师抓住了小辫子，她就等着他们找到这句呢："这句有什么不同啊？"

大家都看明白了，"我一直在等他。"

"我等了多长时间哪？从什么时候开始等的呀？"老师接着问。

大家一看："从早到晚，整个晚上都没有睡，一直到夜已将尽、黎明将到时。"说到关键的问题了。

"什么是等候呢？"

"就是修炼自己。"这一点孩子们早就明白了，在泰戈尔的诗中等候只是一个比喻，就像这儿的睡眠是一个比喻一样。等候不是无所事事地等，而是不断地修炼自己，朝向完美伸臂。

"好，那我再问，他为什么能这么深沉地、安妥地睡眠？从黎明到黄昏，诗人不变的愿望是什么？"桃夭老师再问。

翠翠马上说："因为一整天都过得很充实，一整天都在修炼自己，所以睡得深沉、睡得安妥。诗人不变的愿望就是等待美好的自己的降临。"

"那这和你们每一个人的睡眠一样不一样呢？"

大家笑了。

"而且诗人想要怎样醒来？"

"被唤醒，在充满美好的微笑中醒来"。

"是呀，醒来之后是什么样？"

"看到美好的那个我站在自己的面前，灵魂充满觉醒的欢悦。在那一刹那，你等待的美好的自己和现在的你自己合二为一。"凯说。

至此，孩子们严肃起来了。

"我们每天的等候一定能等到最好的自己吗？"桃夭老师问。

有人说能，有人说不能。

"你今天早上起来发现完美的自己了吗？你天天在渴望着完美，天天在等候、在修炼，今天睁开眼你觉得自己修炼到完美的境界了吗？"

"没有。"孩子们明白这个完美似乎是难以企及的了。

"是呀，从现实来说，每天等待、修炼的结果，会非常残酷：明天我睁开眼睛的时候，我依然不完美。那么我要怎么做？是失望，乃至绝望，还是继续等候、继续修炼？"

"继续修炼。"孩子们异口同声地说。

桑站起来说："重要的是这个过程，修炼本身就是有意义的。"

"有什么意义？"

这下大家都清楚了："修炼就是朝向完美伸臂，虽然不能达到，但是可以让自己一天一天变得更美好，而如果不修炼的话就永远只是那个低层次的自己。"大家七嘴八舌地说。

"是呀，修炼的意义就在这里，虽然我们可能达不到完美，但是我们会一天一天走向更美好的自己，有一天，我们会发现，自己已走出了很远，成为了我们想象不到的美好的自己。就像孔子，他认为自己连君子的标准都没有达到，但在我们的眼里，他已是圣人了。"桃夭老师深情地说。

"你们现在应该怎么修炼自己？"

"努力学习，修炼自己的本领。"有人又和《西游记》联系到一起了。

"不只是本领，也要修炼自己的德性，让自己成为一个仁智勇俱全的人。"桃夭老师知道因为共读的书多了，孩子们能融会贯通地理解这些了。

"应该抵制诱惑，找到自己的精神支柱，铲除自己内心贫乏的根源。"米兰突然说。

桃夭老师明白，米兰为什么会突然这么说。

事情还得从一个月前说起。那天午饭后，彤气冲冲地跑到桃夭老师跟前说："老师，米兰偷偷地把我的两个本子拿走了，那是我刚买的，她还不承认。"这件事还没来得及处理，又有同宿舍的另一个同学说丢了一百元钱，大家也正好看到米兰收起了一百元钱。反映到桃夭老师这儿，那得先调查。桃夭老师先打电话给米兰的家长问有没有给米兰一百元钱，家长说没有给，桃夭老师就知道是怎么回事了。她又想起上个学期的事来，也是在宿舍中，一大早，宿管阿姨就告诉桃夭老师，米兰和百灵偷吃了她放在寝室里的零食，那些零食是她买给自己的孩子的。

其实，百灵也罢，米兰也罢，也许小时候家庭经济情况都不太好，但现在两人的家庭在班级中已经算是很好的了。米兰的父母卖馒头，据说生意还不错；百灵的家里因为卖地分了不少钱，一夜暴富。当地有不少因为卖地而一夜暴富的家庭，但生活富裕了，匮乏感却没因此消失。很多孩子都有这种随便拿别人东西的行为。

桃夭老师不想让全班同学都知道这件事。私下叫米兰来谈话，各种分析之后她终于承认了这些事都是她做的。桃夭老师让她把彤的本子还给了彤，把那一百元钱也还给了同学。并和同宿舍的孩子们约定，要保密，要帮助米兰，而不是孤立米兰。正好，前一天刚学习了《吉檀迦利》第三十六首，桃夭老师顺便把这首诗送给了米兰：

36

这是我对你的祈求 —— 请你铲除我心里贫乏的根源。

赐给我力量使我能轻闲地承受欢乐与忧伤。

赐给我力量使我的爱在服务中得到果实。

赐给我力量使我永不抛弃穷人也永不向淫威屈膝。

赐给我力量使我的心灵超越于日常琐事之上。

再赐给我力量使我满怀爱意地让我的力量服从你意志的指挥。

"服从真善美的召唤，听从它的指挥，这比听从欲望的指挥要困难得多，但你必须去努力；劳动，收获，付出，得到，你要享受这一切……去爱，去服务，去抵抗生命中的懈怠、懦弱、贪婪，超越旧我，去信任自己信任别人……让你的生命高贵、优雅，简单正直如一支苇笛。"桃夭老师一句一句语重心长地对她说。

那一天，米兰说："老师，我记住了，我不会忘记你对我的好和同学们对我的宽容。"

"应该抵制诱惑，找到自己的精神支柱，铲除自己内心贫乏的根源。"此刻，米兰又重复了一遍这句话。

"非常好，一个人应该有自己的精神支柱，有自己的追求，并努力地和自己身上那些低级的欲望做斗争，这样你才能真正地抵达自由之境。我们应该坚信，在漫长的努力与等候后，美好必将伴着黎明到来，我们会有全新的生命与体验，我们的灵魂也必将因觉醒而欢悦。"

大家不再笑了，米兰的眼睛更明净了，孩子们的脸在第一缕晨光的照耀下呈现出一种圣洁的光辉。

暑假大挑战

五年级的暑假是一个充满了挑战的假期。

尽管几年来一直在强调阅读，老师也一直在带着大家读书，但是原来计划在四年级完成的阅读大过关还是没有如期完成，班上还有三分之一的孩子阅读能力不尽如人意，这在平时的阅读检查中显示得清清楚楚。

原来以为补一两个假期的课基础差的孩子就会跟上来，现在桃夭老师却越来越明白，那只是一种天真的想法。学前教育完全缺失、甚至从小都不能和母亲正常对话的孩子要真正地补上来，不是五年六年的事。

班上现在越来越呈现出两极分化的情况。优秀的孩子四大名著都读完了，已经开始读历史、读科学甚至开始读哲学了，但是基础差的孩子仍然连童书都还读不太明白。为了给孩子打好阅读基础，让他们在毕业前全部过阅读关，这个暑假就格外重要。

因为马上也要面临地区统一的毕业考试，学校提出要求，这个假期除了要让孩子们进行阅读挑战外，还要让他们挑战英语和数学。

英语挑战的主要工作是积累，巩固，复习以前的课文、单词、歌曲。而数学作为重中之重，这个假期的重要任务就是让孩子们巩固基础、提前预习六上的教材，培养孩子们的自学能力，也为下学期数学老师在此基础上引导他们进一步深化提高打下基础。

桃夭老师知道，这个任务要布置很容易，但要真正落实可不那么简单。班上那后三分之一的孩子基本上没有自学能力，在语文学习方面他们还可以自己读些简单的书、写一些随笔，但要他们自学英语和数学那简直是天方夜谭。这些孩子的父母往往也都不识字，要找个人请教都找不到。

"再拼两个假期吧，孩子们就要毕业了，也许这两个假期过后他们就不一样了。"桃夭老师对自己说。

近六十天的假期，她安排得满满当当。准备下学期的课程，再加上一个月的补课，简直没有任何空闲。

期末庆典结束后，在家长会上，桃夭老师除了要求孩子们每天完成晨诵、练字等作业以外，还给孩子们推荐了阅读书籍，并建议孩子们每天保证两个小时的阅读时间，还根据平时对学生的了解，把孩子们的阅读和写作状况按水平高低分了几个层次，给不同层次的孩子提出了不同的挑战阅读量：

优秀的孩子每天要保持十五万字以上的阅读量；一般的孩子不少于十万字。一个假期少则阅读四百万字，多则阅读六七百万字。

（四年级时桃夭老师测试过全班孩子，读儿童小说在四十分钟内最快的孩子可以读完五六万字，最慢的也能读完三万字；两小时左右快的孩子可以读到十五万字左右，慢的孩子可以读到五万字左右。而一年后的今天，优秀的孩子阅读速度基本上是一小时十万字左右了，据此，她提出了这样的要求。）

开完家长会，还没等桃夭老师说要补课的事，好几位家长都提出了想让孩子来学校学习的请求，除了本来学习基础差一些的孩子，许多优秀孩子的家长也想让孩子参加，其中包括江小鱼的家长。桃夭老师想了想，补课时如果能有一个优秀的孩子做老师的小助手带着大家弹吉他、读英语也是挺好的事情，所以她对江小鱼说："你可以留下，但是要做出贡献。因为原则上只有学习上真正需要帮助的孩子才可以留下来。"

"你的任务，主要是两项，上午和老师一起带着大家读英语，下午带着大家练吉他。"这两项正是江小鱼最擅长的，所以，他特别兴奋地答应了。

因为刚刚经过了紧张的期末庆典，大家都很疲惫，所以桃夭老师让所有的孩子先回家休息调整一周，自己也回老家看看母亲。

一周后，桃夭就匆匆地告别了老母亲返回了学校。

第二天，江小鱼、天虎、苏铁、皮皮、小海、顺顺、小创就返校了。那天晚上，学校附近的九城宫旅游度假区里正好有一场摇滚音乐会，为了激励大家练吉他，桃夭老师带着几个孩子去看了音乐会。

第三天，小米、兰兰、蓉、小菊、岐、杏儿都过来了，因为小米、兰兰的数学特别弱，岐的英语特别弱，蓉的阅读理解力很成问题，写作水平比小米和兰兰还不如，而他们的父母都忙，假期在家基本上都是自我运行，所以也都来了，加上学习基础原本就薄弱的几个孩子，这次补课队伍空前庞大，一共十四人。班上只有余下的十一人在家学习了。

桃夭老师每天早上七点到教室。七点到八点二十分是语文学习时间，先带着孩子们读十则左右泰戈尔的《飞鸟集》。因为前面晨诵时学过《新月集》，上学期《吉檀迦利》也学了几十首了，孩子们对泰戈尔已经非常熟悉了。边读边讨论，十则左右完成后，再提前读下学期要学的课文，根据课文的长短每天读两三篇不等，直到每个孩子都能顺利地朗诵下来。八点半到十点半是数学学习时间，自学课本、做作业、桃夭老师个别辅导，数学老师有时也会过来看看，辅导一下孩子们；两节课后像平时上学一样有一个大课间，让孩子们打乒乓球半小时；十一点到十二点是英语学习时间，从三年级的课文开始复习，桃夭老师和江小鱼带着读，后来兰兰也加入了领读的行列，每天一单元，读背课文、听写单词，如果任务完不成，下午会再抽出一些时间听写。

午饭后是一段美妙的时光。愿意休息的回宿舍午休，不休息的就在教室里看电影或电视剧。小家伙们精力旺盛，多半不愿意去休息，大家就在看电视剧《射雕英雄传》中度过，这是为了配合阅读，桃夭老师专门放给孩子们看的。边读书边看电视，小创等孩子竟然回宿舍休息时也带着《射雕英雄传》，尽量抽空看几页了。

下午相对轻松，练字、听写生词，阅读、写作，有时去踢会儿足球。吃完晚饭后到操场散步或者打会儿乒乓球，然后回教室练吉他。

桃夭老师喜欢听大家走在操场上叽叽喳喳的喧闹声，看着大家在夕阳下的欢欣雀跃的影子，她感到自己的心也在跟着跳跃。

晚上主要是阅读时间。读两节晚自习的书后，大家开始练歌。假期比平时休息时间迟，夏日，大家回去也睡不着，索性在教室里唱歌吧。

假期中主练的歌曲是汪峰的《一起摇摆》。桃夭老师挑这首歌，本来是想让江小鱼演唱，别的孩子伴舞。没有想到，让桃夭老师兴奋的是，她又发现了班上另一个种子选手 —— 岐。岐的声音有些沙哑，唱这首歌真是别有风味。

"岐呀，你有没有感觉到这首歌特别特别适合你唱？"岐也一脸兴奋。于是，好些个晚上，岐和江小鱼配合着唱这首歌，别的孩子跟着学习舞蹈，不亦乐乎。

为了到小桥歌会上表演，几个女生选定了两个舞蹈 ——《天竺少女》和《让爱领舞》，杏儿也挑了一首《彩虹之南》在练唱，小菊跟着学这首歌的舞蹈，准备给杏儿伴舞。于是，每次课间活动时，女孩子们都在教室中对着视频练习，很快几个节目都练熟了。

每天傍晚时分是桃夭老师和在家学习的孩子短信往来的时刻。

在校的几个孩子今天的阅读量如下：江小鱼读了三十五万字，岐读了三十万字，兰兰读了三十万字，小菊、小米各读了二十几万字，顺顺、小创、蓉读了十万字，让我特别高兴的是孩子们越来越能很好地管理自己了，他们都能安静地完成作业，然后静心阅读。而小创今天给了我很大的惊喜，阅读量竟然达到了十万字，刚才回去睡觉时，他又拿走了《射雕英雄传》，说要把第一本剩下的部分在睡觉前看完，这是多么好哇。亲爱的孩子们，你们在家里又是如何学习的呢？

桃夭老师的短信发过去，孩子们的消息一个一个地也传过来了。百灵说：

亲爱的桃夭老师：

您好！

今天从早到晚都在下着淅沥的小雨，断断续续的，让我想起了曾经学过的一首忧伤的诗叫《雨巷》。但是我的心情并不忧伤，我过得非常充实。我完成的作业如下：朗诵、默读泰戈尔的诗各一首，练了一页字帖，写完数学暑假作业，默写完英语歌，完成写作一篇，读了两本书，分别是《我的儿子皮卡》之《尖叫》和《比尔·盖茨的故事》，对我影响最大的就是《比尔·盖茨的故事》了，比尔·盖茨的那种顽强不屈和努力拼搏的精神打动了我，他当上了世界首富，但他没有因此而骄傲，他说当他退休时，要把全部财产捐给其名下的慈善基金会，我是多么感动啊！我要向他学习。

彤哪怕在姥姥家，也没有停止学习，她今年才真正地进入了阅读状态：

尊敬的桃夭老师：

下午好！

今天我在姥姥家过得很自由，早晨我早早地就起来了，然后开始做作业、读书，下午完成了一篇写绘日记，练习了半个小时的吉他，我又读了一遍《草房子》，我又发现了我以前不知道的一些东西，比如说我以前一直觉得秃鹤是一个很让人讨厌的小男孩，但是当我这一遍再读的时候我发现秃鹤是一个很可怜的小男孩，我不只对秃鹤有了另外一种认识，我还发现了很多人物比如：纸月、桑桑、桑乔……他们都和我第一遍读时感觉不一样了。每一本好书我们都应该一读再读，这样我们才会有新的发现，才会真正地读懂一本好书。

而沉静的翠翠，每个假期都能很好地安排自己的学习，这个平时比较内敛的孩子，竟然也开始用文字表达她平时不愿意说的感情了：

亲爱的桃天老师：

您好！

我是吮吸阳光和雨露的小种子翠翠，今天，我读了《赠品》这首诗，我们每一个人都是上帝给父母的赠品，总有一天，我们要为了自己的理想而离开曾生活过的土地和父母，但父母却往往留在那里，怀念着我们，满怀依依之情。今天我开始写一个故事，我会用我最大努力，把它写好的。今天我看了一本《感恩老师》，特别地打动人心，让我真正明白了"老师"这两个字的意义。我也知道了当一名好老师有多么难，我并没有多么优美的语言，但我只想发自肺腑的说"老师，您辛苦了！"

每天就这样忙碌着，日子过得充实又快乐。

当然，也有难熬的时候，尤其是英语学习时间让人感觉最为艰难。

小创、皮皮等孩子的英语成绩基本上是零，既不会读，也不会写，只好从头开始教，一个单词一个单词、一句话一句话地教，而小创因为记不住，往往情绪低落，桃天老师对每个人单独检查时他时常会耍小脾气，好不容易教会他读了，听写时他又几乎全军覆没。

好在小创有一种顽强的精神，桃天老师根据他的情况减少听写的单词量，小创一边很认真地复习，一边狠狠地说："我不信我记不住！我不信我记不住！"桃天老师帮他分析了一些难写的单词的记忆方法，听写出来，小创可以写对三四个了。

日子就这样充实又无奈地往前走。还好，别的几个孩子状态一天天地好了起来。

到复习四年级英语课本的时候，十几个孩子中已有五六个一百分了，大部分同学也都可以达到八九十分了，连小创第一遍听写也可以写对四五个单词了。虽然他和皮皮、苏铁仍然是听写时写错最多的三个孩子，但比刚开始时已好了很多。最好的两次，小创竟然达到了八十几分，这让桃夭老师多么欣喜呀。

7月25日是第一次返校日，距离13日下午放假，已过去整整十一天了。

桃夭老师有些惊喜，孩子们大多都比上个假期有很大的进步，阅读速度快了很多，老师要求每两三天写一篇作文，但还是有不少孩子每天都在写，尤其是涛、小白、翠翠、兰兰等孩子，在写作上真是用心，有写日记的，有编故事的，还有写武侠小说的，精彩纷呈；而阅读的领军人物是江小鱼和百灵。

五年级之后就慢慢恢复的百灵，现在状态越来越好，成熟了很多，也强大了很多，不再像以前那么常生病了，也不再像以前那么爱哭了。这次她仿照安房直子写的几则故事，老师乍一看还真以为是安房直子的作品呢。

为了鼓舞大家，桃夭老师高度赞扬了优秀的孩子；为了激励大家不断挑战自我，桃夭老师又把别的班中做得好的孩子的假期作业展示给孩子们看。看着孩子们脸上的表情变化，桃夭老师知道，大家又有了新的挑战目标。

返校日结束，大家又开始了新一轮的挑战。

8月24日，星期日，离开学还有一周，因为要准备新学期的课程，也让孩子们调整一下，桃夭老师结束了补课。

这个暑假补课三十四天，在英语方面桃夭老师带孩子们复习完了三年级到五年级的六本教材，预习了六上教材中的单词；在数学方面带他们预习完了六上的教材，在家里的凯等孩子甚至也预习了六下的教材。在语文方面带他们听写了六上教材中的全部生词，读完了六上教材中的全部课文，六下教材中的六七篇重点课文也读了，读完了《新月集》，复习了学过的《吉檀迦利》，又读了二百多则《飞鸟集》。这个量连桃夭老师自己都不敢相信哪，这还不算孩子们每天那么大的自由阅读量。

　　这是一个收获满满的假期，孩子们几年积累的能量，似乎在这个假期大爆发了。开学后，桃夭老师统计了一下，不说别的，只阅读和写作的文字量就让人惊喜：

阅读超级英雄：翠翠：1566.7万字；小米：1497.9万字；凯：1441.1万字；熙：1396.9万字；桑：1394.5万字；江小鱼：1356万字；小白：1310.6万字；百灵：1259.55万字；小文：1242万字；彤：1241万字；兰兰：1239.2万字；山：1152.33万字；荣：1060.1万字；小菊：1029.2万字

阅读英雄：蓉：852.9万字；米米：708.9万字

阅读优秀者：皮皮：673万字；岐：642.4万字；杏儿：616万字；小海：612万字；天虎：565.7万字；顺顺：515万字

阅读进步者：小创：320.4万字；苏铁：272.9万字

写作超级英雄：凯：17篇184页5万字以上；小白：35篇147页4万字以上；桑：26篇143页4万字以上；小菊：29篇125页3.5万字以上；翠翠：22篇115页3万字以上；山：28篇112页3万字以上；兰兰：24篇104页3万字以上

写作英雄：小文：16篇98页2.5万字以上；百灵：20篇95页2.5万字以上；荣：23篇94页2.5万字以上；米米：22篇93页2.5万字以上；蓉：23篇92页2.5万字以上

AUTUMN
WINTER
SPRING
SUMMER

夏

小种子长成的植物孤独地生长着，
它长啊，长啊，一刻不停……

开学典礼上没有穿校服的男孩

六年级的开学有了别样的味道，尽管桃夭老师不动声色，但空气中仍然弥漫起了一股离别的感伤。

今天，是9月1日，天气不算太好，操场上的低洼处充满了积水，太阳的轮廓也不是那么清晰，空气比平常湿润，里面洋溢着幸福的味道。对我们来说，这是一个特别的日子，今天，是我们的开学典礼。

作为毕业班的成员，我们，要为新的一年级孩子佩戴校徽……

我走到一个小妹妹的身旁，拿出一枚珍贵的校徽卡在了她的衣服上，她用很童稚的声音向我说了一声"谢谢"，恰恰是这一声，触动了我那颗伤感的心。

…………

想起自己的一二年级，仿佛还是昨天的事，似乎只睡了一觉便已成了毕业班的学生……经过几年的风雨同舟，我与我的同学、与这校园、与每一位老师甚至学校的一草一木都有了感情……现在，只剩下不到一年的相处时间了，这开学典礼也是最后一个了……

…………

平时调皮贪玩的凯在这个开学典礼上竟伤感起来，他一下子珍惜起这不多的时光来：

我也下定决心，在这为数不多的日子里，努力做最优秀的自己，任何事追求卓越，最后问心无愧地走出这座校园。

但是有两个孩子似乎不在状态。一个是江小鱼，一个是小创。

小创昨天到校，吓了桃夭老师一跳。作业没交不说，眼睛还血红血红的，说话也恶声恶气的。

桃夭老师叫他出去问他："眼睛怎么了？"小创靠墙站着，不吭声，大大的眼睛里充满着泪水。让他进教室拿出回家写的作业，他拿出的是一本皱皱的语文书和几个破烂的本子。原来他的父母打架了，小创去拉架，结果被爸爸打得眼睛充血，书和本子也被水泼湿了。

晚上快十一点的时候，小创的爸爸打电话给桃夭老师，桃夭老师一听就知道他又喝醉了，他多次打电话给桃夭老师时都是醉着的。这一次，他说着说着竟哭了："小创的妈妈要和我离婚，我问小创要跟谁，他说要跟妈妈，但是他是我儿子，我肯定要让他跟我，就算累死累活打光棍一辈子，我也要供小创读书，只要小创能读……"

桃夭老师心中发酸，她不知该说什么，只告诉小创的爸爸："如果星期天没有人带小创的话可以让他留在学校我来带他，但必须得小创同意，因为我知道，小创是喜欢回家的孩子，他还太小，喜欢回家……"

今天升旗时，平时总是以站得端正、精神著称的小创看起来无精打采。

而江小鱼也让桃夭老师诧异，昨天检查作业时发现他回家后竟然一篇作文都未写，而平时整整齐齐的他，在今天升旗时竟然没有穿校服。

开学前，桃夭老师就发短信给家长叮嘱孩子返校时一定要带上校服，昨天到校后，桃夭老师还再三强调在今天的开学典礼上要穿校服，早上又问了一下有没有人没带校服，江小鱼没吭一声。结果升旗时他竟然穿了一件灰色T恤，就那么很触目地站在队伍中。升旗回来桃夭老师问他为什么不穿校服时，他才说没有带。

"你妈妈不是每次都会给你收拾得整整齐齐地带来吗？"

"我妈不在，我爸说我妈到很远的地方看病去了。"

"你妈病了？什么病？"

"我爸说是皮肤病，都走了四十几天了。"江小鱼眼泪哗哗地说。桃夭老师突然明白了为什么暑假中江小鱼的爸爸提出让江小鱼留在学校中学习了。

但桃夭老师仍然很纳闷，生病了也不该是一个人去看病、几十天不和孩子联系吧？但愿不要是别的什么状况，桃夭老师默默地在心中祈祷。

升旗，升旗

孩子们似乎一下子意识到了时间的短暂与宝贵，意识到了每一门课的魅力。他们上课比上学期认真了很多，甚至连平时几个为舞蹈课头疼的孩子在舞蹈课上也用心了很多。

桃夭老师也在尽力地给每个人创造一切锻炼的机会。

她请当过兵的闫老师帮她训练三支升旗队伍。班上总共 25 人，三个主持人，三个升旗手，其余的人分成三组做护旗手还余一人，不管怎样，让大家集体参与训练，到时根据具体情况，赶在毕业前给每个人最少一次机会。因为桃夭老师知道，离开这所学校后，有些孩子再也不会有这样的机会了。她想让每个孩子都体会一下升旗时那种庄严肃穆和庄重大方的感觉。几年来每次升旗时，班上大多数孩子都只能站在台下行举手礼，那种感觉和站在台上当主角的感觉肯定是不一样的。希望小翔、杏儿、皮皮以及所有的孩子的心中都能存放更多美好的事情，也许美好储存多了，他们也会成为美好本身吧。

闫老师边示范边给孩子讲解走路的要领，那可真是专业水平。桃夭老师平时觉得孩子们已经很不错了，但看了闫老师的示范之后，她才真正体会到了电视上那些升旗手的标准。孩子们也感到很震撼，在整个课外活动时间里，大家认认真真、精精神神地，都像换了人似的。

有些孩子还有意外的惊喜。

像天虎，他怎么都不会想到自己竟会被选为口令员。

"可真没有想到，我竟然顺利地当上了口令员，我的站姿今天也标准了许多，我以后也要像今天这样笔直地站立。"他激动万分地写道。

那个平时走路拖着脚的大个子山，看到同样是大个子的闫老师的走路姿势后很为自己感到羞愧："闫老师走路真是太帅了，真是有男子汉的风度哇！想想我自己的走路姿势，我太伤心了，以后，我也要像闫老师一样走路。"

而杏儿分外地珍惜这次机会："今天，我们被老师叫去练习怎样升旗，这是我第一次参加这么庄重的练习，我万万没有想到，有一天我会当上升旗手，这次机会，我会好好地珍惜，我要努力地上好每一节课，过好每一天，成为真正的升旗手。我要好好珍惜。"

桃夭老师确定了本学期第一次升旗的人员：天虎、顺顺、杏儿、小米、皮皮、小翔，主持人是桑。这些孩子以前都没有过这种机会，大家分外激动。

说起主持人桑，还有一段故事呢。

桑喜欢出风头，这次，他一开始就想参与竞选主持人，而且在下面找做过主持人的彤指导自己，已经训练了好几天了。但是桃夭老师说，对升旗主持人的要求格外高，要找一个不但学习努力，而且在各方面都很自律的孩子。桑虽然学习努力，但在纪律上实在不怎么样。平时升旗时他总是站得像个大虾似的，有时还摇摇摆摆的，桃夭老师单独训练过他好多次，但每次他的正确姿势都坚持不了多久。这一次，桃夭老师其实想给桑机会，让他体会一下端端正正的感觉。但她没有对桑说，她等着桑来找她。果然下课后桑吞吞吐吐地对桃夭老师说他想做主持人。

"那你觉得大家会不会投你的票？"桃夭老师问他。

"可能不会。"

"那你怎么说服大家呢？"

桑下去后写了一份保证书拿给了桃夭老师：

我知道对升旗主持人的要求非常高，所以我保证做到以下几点：

1. 我保证遵守纪律，不论是在食堂还是在教室或者宿舍里，都要做一个文明优雅的孩子。

2.我保证以后每次升旗都站得端端正正的，就像一个君子堂堂的男子汉一样。

3.我保证在舞蹈课和吉他课上好好训练自己。

4.我保证在自习课上保持安静，不干扰别人学习，成为班级宁静氛围的营造者。

…………

他把能想到的自己的问题都罗列了出来，看到这个孩子如此可爱，桃夭老师忍不住笑了。

桃夭让他站在教室前面读给大家听，让大家定夺，他不好意思，坐在位置上不动。

"要让大家看到你的真诚，而且这些保证做到的事情看起来是你对大家的承诺，其实更是你自己对自己的承诺，大家只是做监督你的人而已，最后，你能否做到，其实在于你自己的决心。"桃夭老师说。

桑走到讲台前，先用很小的声音读了一遍，大家说没有听到。

"要让大家看到你的决心和态度。"老师说。

"我保证……"桑终于用洪亮坚定的声音读了一遍，大家报以热烈的掌声。

"大家觉得要不要给桑这个机会？"

"要！"孩子们都很善良。

于是皆大欢喜。

星期一，看到桑笔直地站在升旗台上，用洪亮的声音宣布升旗开始的时候，看到小翔、杏儿、桑、顺顺等孩子迈着标准的步伐护卫着国旗走向升旗台的时候，桃夭老师的心中波涛起伏。亲爱的孩子们，这一刻，你们是否会记住？这生命中无比庄严的时刻，这体现着生命的尊严的时刻，这体现着你们生命的美好的时刻，你们一定不会忘记！桃夭老师也不会忘记！

暮省时，不少孩子都写到了早上的升旗仪式：

今天，我们班升旗，我看全班所有人都站得顶天立地的，没有一个弯腰驼背的，尤其是小翔站得笔直笔直的，天虎也把自己的声音放了出来。我好喜欢天虎那天籁般的声音哪……（江小鱼）

今天早上的升旗仪式，让我对桑、天虎等同学刮目相看，他们挺直了身躯，目光笔直地看向最前方，此时的他们，一定和心灵中的美好融为一体了吧，这时的他们才真正体现出一个男孩儿该拥有的精气神儿。（翠翠）

今天我们第三组光荣地升了国旗，那高高升起的五星红旗随风飘扬，我们每一个人也都君子堂堂地站立着，那么的帅气，那么的美丽！通过这次升旗我明白了，人在庄严的场合就要举止端庄，我希望以后每一位升旗队员都应该君子堂堂、文质彬彬地站立，那样你才会给别人带来一种庄严的感觉呀。（护旗手杏儿）

去食堂的路上，桃夭老师问小翔："你知道老师为什么让你升旗吗？"
小翔的回答出乎桃夭老师的意料："想让我君子堂堂。"

国旗下演讲的竞争也越来越激烈了。
桃夭老师怎么都没有想到，杏儿能主动提出她要参加国旗下演讲的竞选。
"行啊。你赶紧准备稿子，准备好了老师帮你看一下。"桃夭老师鼓励她，老师也有意想给学习基础差一些的孩子提供机会。桃夭老师曾经说过，"参加过演讲的孩子，我们欢迎他超越自我，但除非是讲稿和演讲水平上都达到了更高的层次，否则要以新手为主。"这也成了班上约定俗成的规定。
杏儿从来没有演讲过，以前做任何事都要老师在后面鼓励再鼓励的她，这次竟然主动提出了要求，桃夭老师又怎能不帮她呢。

很快，她的稿子写好了，桃天老师一看，吃了一惊，题目是《像孔子一样做有志之人》，桃天老师突然就想起了杏儿曾经对她说过的"我爸爸说让我好好读书，将来找个好男人"的话。

但是，如今的杏儿恐怕自己都忘了这句话了吧。

最近学习儒家课程，孩子们都被孔子打动了，写作说话中都体现出孔子的影响来，杏儿明显也是受此影响写了这篇稿子。

桃天老师帮杏儿改好稿子，再帮着她训练。每天一有空就让她自己练习，然后再在老师跟前一遍一遍地背诵，次数多了，她把稿子都背了下来。

亲爱的老师，亲爱的同学们：

你们好！

今天我国旗下演讲的题目是《像孔子一样做有志之人》。

转眼之间，五年级过去了，崭新的六年级来到了，我已经是六年级的学生了。这学期刚开学，我们就开始学习儒家课程，在讲"孔子十五有志于学"的时候，老师告诉我们，要想成为一个真正有成就的人，必须从小立志。这个志，当然不只是嘴上说说而已，而是一旦确定，就要在行为上体现出来，并且坚持不懈，终生不放弃。孔子十五志于学，因为有了这个志向，所以，他一生都在勤奋学习，用他自己的话说就是："其为人也，发愤忘食，乐以忘忧，不知老之将至云尔。"他甚至认为"朝闻道，夕死可矣"，可见他对学习的热爱到了什么样的地步。也正是因为他一生志于学，他的境界才越来越高，他才达到了圣人的境地。

…………

而对于我来说，现在六年级了，再也不是以前那个懵懂无知的小女孩了，我应该为自己的将来进行规划了。我知道，我必须成为一个有志向的女孩子，我必须努力学习，不放弃自己，追求那最高的境界，用努力和思考，使自己成为卓越者。

…………

在刚过去的这个假期里，我非常努力，不论是读书还是写作，都达到了我以前想都不敢想的地步。桃夭老师多次表扬我，说我写作水平越来越高，说我在用文字画画，说我是我们班的写景高手，说我很有作家的潜质，我自己也惊讶极了，我也想不到我会写出这么多让自己都感到意外的文章，以前我对写作是多么发愁哇。之所以有这么大的变化，我想也是因为不断学习的结果。我现在心中也有了一个志向，就是像孔子一样，做一个有志于学习的人，这样才不会让老师为我担心，也才能让自己的人生越走越好。

…………

周一，杏儿站在国旗下演讲的时候，虽然因为太紧张有些结结巴巴的，但桃夭老师仍然忍不住眼睛湿润了。

她想起以前杏儿每次来学校因为作业一个字未写而在老师跟前瑟瑟缩缩的情景，想起杏儿三四年级时写东西还是机械式的"我吃饭了我很高兴，我玩耍了我很高兴"的情景，想起教杏儿很简单的一位数加一位数的进位加法时，算来算去她都算不出结果的情景，想起杏儿什么事做不了就哭着往后退的情景，想起杏儿英语常常只考二三十分的情景……杏儿的演讲虽然没有训练时说得流利，但是桃夭老师的内心仍然充满着喜悦，毕竟她站到那个台子上了，独立地站在演讲台上面了，对于她，从二年级走到今天，走上那个演讲台，走过了多少路哇。

前几天，为了让杏儿当领唱，桃夭老师还绞尽脑汁呢。不过，也许正是那次的领唱使得她今天能大胆地站在这演讲台上了吧：

努力就是一切

杏儿

明媚的阳光照入了教室，花儿们睁开了它们的眼睛，看着它们，我们也不禁快乐起来。我们迎来了一次让我们每一个人都可以光荣地站在舞台上的机会，那就是在小桥歌会上我们要唱一首能唱进我们每一个人心中的英文歌曲《我心永恒》。这是一首温柔的英语歌，让我们的心能感受到温馨。

老师说要找几个领唱的，一开始，我对自己一点儿都没有信心，而且我觉得这首歌根本不适合我。但是老师却说这首歌比较适合我。周末补课时，老师让我把这首歌的歌词背过。我的心中不知怎么了，就是不想唱，我在心中一直对自己说我不想学，可是我的心中还有另一种力量被老师鼓励了起来。最终我把英语歌词背过了，我的心里有了那么一点点的勇气，于是，我便朝着领唱的那个方向去努力。

星期日，大家都来了，老师要确定这次英语歌的领唱，老师说要四个人领唱，江小鱼和百灵根本就不用说，没有什么问题。我的心里不禁有些紧张，老师把我叫起来，让我唱一下，我唱完了；老师又让兰兰唱，当时，我的手紧张得颤抖起来，我的心就好像被冰冻住了一样，看一看外面的天气，风正用它强大的力气把一棵树吹得左右摇晃。老师让同学们决定谁可以上，同学们异口同声地说："杏儿！"我当时激动极了，虽然我还是不太有信心。

而星期一早晨在训练的时候，我总是唱错，一直跟不上调子。我生自己的气了，就不想唱了。我的情绪被老师看在了眼中，老师说："你当时决定了要唱，就不能再选择放弃，不能老存一个指望，以为还有兰兰呢！你要努力练习再练习，直到唱会！"我一下子觉醒了。

在当天的声乐课上，我们还是练习这首歌曲，音乐响起来了，我唱了起来，没想到，我终于唱对了。我兴奋地告诉桃天老师，那时，我看到了老师的微笑。

整整一天，我都微笑着度过了。啊，那是一种多么好的感觉呀！也许你从来都没有感受过呢。

下午，小桥歌会开始了，我们要上台了。

我竟然一点儿都不紧张，在唱的时候也一点儿都不紧张，以前那种对自己的不满都统统随着歌声飞走了，心中以前的那些不自在也全部都随着我的歌声飞走了，我唱出了属于我的自由与快乐。在那个时候，我觉得我是最完美的一个，我为自己骄傲。

我忍不住想对在座的每一位同学说，虽然你们没有像我一样领唱，但是，如果你们每一个人都努力地朝向完美的话，你们也会体会到我这样的快乐的。

"一次次成功的体验对一个弱小的孩子来说是多么重要哇！"桃天老师心里想。

掌声响了起来，杏儿演讲完了，她很自豪地从升旗台上走了下来，对着桃天老师笑，桃天老师走到她身边，摸了摸她的头，也对着她笑。

有匪君子，如切如磋，如琢如磨

经过两个月的旅程，今天，我们终于学完了儒家课程的最后一首诗——谭嗣同的《狱中题壁》。

在这个课程中，我们认识了一个又一个大儒，他们不仅用自己的妙手著写出文章，告诉我们人应该做怎样的人，更重要的是他们用自己的生命本身，践行着自己的理念，用自己的双肩担起了整个社会的道义。

他们的精神深深地影响了我，孔子的仁爱担当，孟子的舍生取义，诸葛亮的忠义，文天祥的正气都使我产生了变化。以前，我干活时逃避，利害冲突中我总是选择利益，而现在我管理的宿舍越来越好了，我也乐于助人了，干活时再也不逃避了，我变得宽容了，我也开始受到大家的欢迎了。

就让我跟在这些伟大的人物之后，追随他们的脚步，一步步朝君子的方向前进。

这是儒家课程结束后，凯的一段文字。

六年级，在继续晨诵《吉檀迦利》课程的同时，我们的晨诵又穿插了儒道课程。桃天老师本来担心这些课程对孩子们来说有些艰深，没有想到，孩子们不但在学习的过程中兴致勃勃，而且用自己小小的心真诚地去践行，让这些课程化成自己的精神力量。

凯是班上语文、数学、英语学得最棒的孩子，虽然一般学习好的孩子也比较听话，但他不同，也许是因为年龄小的缘故，他比较淘气，虽然热爱学习，却也不省心，他曾这样评价自己：

> 我是真正的双面人，上课时我会投入百分之一百二十的专注；但关键时刻总是掉链子，数一数我违规的次数不比任何人少；每次放假和上学时我就像两个完全不同的人，一个是堕落天使，一个是正义天使。每个假期，我都像个无家可归的孩子，一直堕落，可是到了学校，我马上觉得自己有了些许价值。在外面，我总觉得自己卑微得像一粒尘埃，而在学校里，我则像孩子在母亲的怀抱里，有一种安全感与存在感，还有一种充实感……

也许因为父母做小生意赚钱不易，他平时也爱斤斤计较，拔一毛而利天下的事他是不愿意干的；和同学相处更是半点儿亏都不愿意吃，吃了亏就会表现出一股不得便宜不罢休的死缠烂打。记得有一次去食堂的路上他捣乱，被带队的彤说了一下，他一生气不吃饭就跑回教室，把鼻涕唾沫给彤抹了一桌子。

他平时在学习上也比较功利，他认为语文、数学、英语对将来考大学很重要，所以他的这三科成绩在班上总拿第一，但他认为吉他、舞蹈、乒乓球这些没用，所以学习时也不太用心。

但这学期，凯就像变了一个人似的。

以前不爱劳动的他，现在常常挥着自己的小拳头说："老师，我有的是力量，可以干很多事了。"

以前不爱跳舞的他，现在在舞蹈课上认真极了：

> 今天，我非常开心，因为要在小桥歌会上，站在最前面跳舞，我真是异常紧张，但我克服了紧张，虽跳得不算完美，但也突破了自己。我也热爱上了舞蹈，我从此一定要一改常态，认真练习，跳出自

己的美，同时，我也要将这种追求完美的精神用在每一门课上，使我成为一个全面优秀的人。

他也爱上了乒乓球：

这学期，我的另一大进步便是乒乓球水平的提高了，正是乒乓球使我明白了只有热爱与拼搏才会有成就。

以前，我只把乒乓球当成一种娱乐，而不是一门课程，我也不热爱它。在上学期的八强赛中，我输给了七个人，而我心中却想：哼，除了前四以外，其他人凭的全是运气。但是后来，我终于发现，我真的赢不了他们，我的好胜心忍不下去了，我不再骄傲，开始谦虚地请教高手，努力练习扣球，周末我常去社区打球，日复一日，我在扣球方面终于小有成就了。今年我在班级比赛时，终于以自己的实力取得了第五，那一刻，我好开心。

吉他也获得了突破：

以前，吉他是我的软肋，是我最不想听到的两个字，学吉他对我来说是一种煎熬。一开始，大家都从零起步，看不出什么差距，可是，随着时间的流逝，众人开始分出高低，而对我来说，吉他成了一种痛。

但是这个学期，变化出现了。我真正地下定了决心，我不再浪费练吉他的时间，每次都勤奋地练习，皇天不负有心人，现在，我终于可以流畅地弹下《画》了，大横按挑战成功，我也终于明白了，任何知识只要勤奋，便一定能学会！人只有靠努力才能为自己赢得尊严。

而且这学期，他对自己的阅读也提出了更高的要求，这些，从他读《水浒》时的状态就可以看出：

......

为了让自己可以尽快读完这本厚厚的《水浒》，我仔细盘点了一下一天当中可以读书的时间。我发现，并没有多长时间，我得自己往外挤时间，像挤果汁一样，把时间挤榨个一干二净。我说干便干。星期一，我早上便开始读了，因为我提前背完了诗，所以，可以在别人背诗的时间阅读，往往可以读个五六回左右；而中午休息时间，我也不浪费，有人在玩耍，而我却在用心地写了英语作文之后，便又开始苦读，一中午，也能读个五六回；星期一课外活动得上科学培优课，星期三下午也要上这门课，这两天，我每天只能读十二回左右；星期二，本来有一个课外活动时间可以读了，但却被张老师拉去给小海讲题，越讲越心痛，我宝贵的阅读时间哪！星期四下午，也是用来挑战阅读的，可是，又被张老师叫去抄试卷，人生坎坷呀！

可是我没泄气。虽然，一周五天没空，我在周末铆足了劲。

星期五下午回去，我便开始了阅读，从三点开始，一直处在阅读状态中。一直读到了五点，读了十几回，读到了六十二回，又写了一些琐碎的作业；星期六的时间也不浪费，先写了作业，中午有客人来，我不得已放下了阅读，星期六，由于时间不足，只读到了七十三回，晚上九点多，我躺在床上，心里一团乱麻。躺了一会儿，觉得不行，我爬起来写了写作作业，为明天省出一些时间，才心安理得地睡了。

第二天一大早，我便开始读书。从七十三回开始读。首先，我给自己定下了一个目标，读到九十回。一定下目标我就开始践行，花了两个小时读完了第九十回，我才意识到我还没有吃早饭，我便去吃了两个面包。本来，我准备再玩一会儿，可是，当我的眼光扫过《水浒》时，又忍不住拿了起来，读完了一百回之后，便放下了。老妈给我备了午饭，我吃了后，到了一点半，看看时间还早，我又拿起了《水浒》，老妈让我去外面逛一圈，我却不想去逛，妈妈说得烦了，我干脆把自己关在房间里读书。一直读到了三点，读到了一百一十回，然后下午来校后，我又读了七回。今天星期一，早上我又赶了一下，读完了。算算我上周一拿起《水浒》到今天读完，正好是一周。

这一次读与上次读完全不同，上次有许多不懂的地方，这次读了金圣叹的评点我终于恍然大悟。宋江挑兵点将的诸多讲究，武松的一根哨棒竟然成了文中的线索，一些不起眼的话竟也暗藏机关。而一百单八将，个个有性格。接下来，我就要挑战水浒人物评论，把他们的特点一个个写出来！

…………

他不但读《水浒》，也读完了莎士比亚的悲喜剧，而且把悲剧读了两遍，连桃夭老师也感到佩服。他还读各种传记、科学书、历史书等，在读《吴姐姐讲历史》的时候，也会对里面的一些观点提出质疑。

随着各种美好事物的浸润，他也越来越多了一份反省精神，有一次，他在暮省中写道：

桃夭老师送给我四个字：君子不器。我知道，老师是希望我能突破自己，拥抱一切美好的事物，我一定要努力，虽然我觉醒得迟了，但我相信，只要我努力，我就会一天一天朝向君子。

现在，我要开始努力，做好自己，修炼自己的能力和品格，使自己宽容谨慎、从容坦然，成为一个真君子。

像对凯的影响很大一样，儒家课程也深刻地影响了许多孩子。

翠翠喜欢《论语》中关于乐的语段：

> 子曰："饭疏食，饮水，曲肱而枕之，乐亦在其中矣。不义而富且贵，于我如浮云。"
>
> 子曰："贤哉回也，一箪食，一瓢饮，在陋巷，人不堪其忧，回也不改其乐，贤哉回也。"

她对自己的"乐"开始反思：

> 如今，很多人会把"乐"字的意思和生活中的种种物质关联在一起，或许在都市人眼中的乐便是穿最好的衣服、住最好的房子、开最好的车，而对于孔子来说，能让他乐的，是音乐、真理和道德的至高境界。
>
> 我也不由自主地想到，在教室、在宿舍，我们也有自己的乐，但这乐到底是怎样的一种乐？是低俗的乐趣，还是高雅的乐趣？我知道，最后我们倾向于哪一种乐，我们就会成为哪一种人。

百灵最喜欢的是《修身、齐家、治国、平天下》篇：

> 在整个儒家课程中，有一篇叫《修身、齐家、治国、平天下》，我特别喜欢。它让我明白，一个人要想治理好国家，让天下太平和美，首先要治理好自己的家，而要治理好自己的家就得先让自己有修养，想让自己有修养，就得先端正自己的心，想端正自己的心，就要先诚自己的意，先要有知识，想要有知识，就要用心去探究事物。
>
> 这正是告诉我们，一个真正卓越的人是怎么来的。那就是踏踏

实实地学习，修炼自身，从学习到品德都让自己成为一个让人信服的人。

而后面的道家课程，虽然有些玄，但孩子们还是有了自己的领悟。荣颇有感触地说：

…………

老子说，在茫茫的宇宙间有四大，道大，天大，地大，人亦大。在这四大中人居其一，人跟随着大地运行，大地跟随着上天的规律运行，上天又随着道运行。而大道的法则就是让天地间的万事万物"自然而然"，按着它本来的样子成长。

比如，一朵花本来的样子就是发芽、长叶、最后变成一朵花，完成一朵花的庄严使命，用一朵花来证明自己的存在；一棵树的本来的样子，就是长成小树苗，再一点一点地长大，最后成为一棵参天大树。成为花、成为树，都是依照它们本来的样子，自然而然生长而成的。

而我们人本来的样子应该是什么呢？我们出生是为了什么？我们死去又能成为什么？

宇宙间万事万物都有生有死，我们没有能力改变。但是，作为四大之一的人，到底怎样地活着才叫"道法自然"呢？早上桃天老师问了我们这个问题。我们当然应该是一个人的样子。而成为一个人，和万物的区别就是我们有灵魂，我们能创造。我们来到这个世界上难道仅仅是为了吃喝玩乐吗？不是的，当然不是的。我们当然要追求人的高贵价值。我们要掌握自己的命运，让自己去创造，这才应该是人本来的样子。

万物都是蓬勃向上的，我们也要以自然为榜样，向上，战胜身上

许多羁绊自己的东西，去追寻那比自身还高的真理，实现人之所以称
为人的真正的价值。

六年级，因为时间紧张，也因为孩子们的阅读已基本过关了，整本书的阅
读取消了，代之以文言课程。

谁都想不到孩子们学习文言文竟然涌起了一个个小高潮，他们兴致勃勃，
如痴如醉。每天跟在老师的后面说："老师，文言文太有意思了！""老师，下节
课我们学哪一篇文言文哪？"

也许因为这几年孩子们读过了很多诗词的缘故，读文言文时的轻松有些出
乎桃夭老师的意料。第一阶段学习文言文小短篇时，桃夭老师还讲一些字词，
第二阶段学习《世说新语》时基本上就不用老师做任何解释了，大家分小组讨
论疏通字面意思，老师上课时除了解决孩子们自学时遇到的困难外，大部分精
力都用在了文本背后的东西上。

学《陋室铭》时，大家马上对那句"山不在高，有仙则名。水不在深，有
龙则灵。斯是陋室，惟吾德馨……"很有感触：

"老师，我明白了，人格的魅力是最强大的，那些隐士往往住在柴门中，但
依然声名远扬。"

"像陶渊明，生活很艰苦，但他的品德从古到今都被人称颂。"

学《酒箴》时，当老师刚一问："你们愿意做瓶还是做鸱夷呢？"班上马上
分成了男女两派：

女生说，愿意做瓶，因为瓶子里要装清洌洌的水，很清高，很美好。

男生说，要成为鸱夷，可以出入达官贵人之家，"常为国器，托于属车。出
入两宫，经营公家。"只有出入达官贵人之家才可以实现自己的价值呀。

有的男生还振振有词："大多英雄豪杰都爱喝酒，譬如萧锋不是整天抱着个
酒坛子豪饮吗？"

等到讨论清楚萧锋原来并不是鸱夷所象征的那种人时，所有的男生又齐刷

刷地倒戈，像一阵阵不同方向的风刮过麦浪，一阵阵浪潮在课堂上涌动。

"世说新语"是干校长精心编排的课程，从陈门风范、建安诸子、竹林七贤，到王家风流、谢家风韵……这些魏晋风流人物在孩子们的心中刻下一道道印痕。

一开始，孩子们很奇怪："老师，你怎么给我们讲这样的一群人呢？你看他们大多是酒徒，也不守礼法，甚至父母死了都不哭，他们有啥值得我们学习的呀？"

那段时间在看《吴姐姐讲历史》的凯甚至说："吴姐姐说竹林七贤对社会风气起到了很坏的破坏作用，老师，你怎么说他们是风流人物呢？"

当大家最后讨论明白原来阮籍的醉主要是为了保身、保持真性情，他的不拘礼也不是不孝，只是不愿意做那些虚礼之事而已，他的"离经叛道"后面是一个活生生的真人时，这些形象在孩子们心中就不一样了。

"你们愿意成为竹林七贤中的哪一个？"在课程的最后桃天老师问大家。

"我愿意成为嵇康。"这是大部分男孩子的选择，又帅又有个性当然很吸引人。

"我愿意成为山涛。"一向比较务实的翠翠说，"因为他在踏踏实实地做自己力所能及的事情，在改造世界，我觉得这样的人多一些世界就会更美好。"她说得有理有据，几个男孩马上附和："我也希望成为山涛。"

"那你们最不喜欢哪一个？"老师又笑着问大家。

"刘伶！"大家齐刷刷地回答。

理由很可爱：

"他跟老婆那样斗真没意思，有些死乞白赖的！"

"他素质不高，老师你看，竹林七贤的儿子中，他儿子最没出息，因为他自己就不行。"竹林余韵大家已经自学过了，有孩子也发现了这一点。

"那我们现在要学习竹林七贤的什么呢？是不是我们也要像我们喜欢的嵇康一样去打铁，像我们佩服的阮籍一样大醉六十天？"

"当然不是了，他们是有特定的背景的，在那种背景之下，他们的行为是一种反抗和坚守，但是如果我们现在再这样做的话，那就有些不正常了……我们要继承的是他们的风骨，而不是表面的行为方式。"当初认为竹林七贤破坏了社会风气的孩子们现在有了不一样的认识。

整个文言文课程结束的时候，大家都找到了自己心仪的对象，越过千年向他们伸出手去：

> 阮籍的不为俗物所绊，嵇康的傲岸风骨，山涛的尽忠职守，谢安的领袖气质……我想，他们的这些品质都会化成我生命的一部分，若能吸收这些人身上的优良品质，我便足以成为一个有风骨的傲然君子，说不定有一天，我也会成为一位和他们比肩的风流人物，成为国家的栋梁之才……（凯）

> 嵇康赴死的场面不只充满了艺术的美感，更充满了英雄的悲壮之美。在此之前，我还认为他只不过是一个才高八斗的特立独行的艺术家，直到他赴刑场的这一幕上演我才意识到自己错了。他的艺术家的唯美的死，他的不只是艺术家更是英雄的壮美的死，都是那么深地打动了我。他面对着那些不了解他的小人的蔑视，他的潇洒、飘逸、高贵，在他死的那一刻都得到了淋漓尽致地表现……（米兰）

> 我知道我可以走向谢安，走向那个才气冲天、品高八斗的谢安，但走这条路就要把挡在我自己面前的任何不美好斩断。
> 虽然我和谢安是两个不同时代的人，但我还是要说，我们会融合的，因为时代不是问题，血缘不是问题，精神才是重要的。我会传承他的精神之火的。（小文）

也许，这就是生命的根基，它们带给孩子们战胜自己的力量：

当彤一次次地参加演讲竞选失败的时候，她告诉自己要不放弃，要自强不息：

> 人的一生都会遇到许许多多的失败，两三次算得了什么呢？它让我更好地认识自己，使我以后的路走得会更好，我永远不会放弃，"君子以自强不息"，我要记着这句话。

当皮皮经过艰苦的练习获得了吉他弹唱上的突破时，他感受到了君子堂堂的尊严：

> …………
>
> 而这学期，我真正地扭转了，吉他考试的时候，我不再害怕，因为自己的努力不再害怕。考试开始，我用心地去唱去弹，弹完了，我终于松了一口气，我走下时，杨老师说："不错嘛！"班上响起了掌声，"皮皮，优秀！"听到杨老师这个评价，我心里别提多高兴了，我对自己说："你终于不再让人小看了……我要君子堂堂地活着！"

"有匪君子，如切如磋，如琢如磨"，正如凯所说，不论是孩子们还是桃天老师，他们都知道自己距离真正的君子还很远。但是大家坚信，只要像孔子一样立志，只要不断地修炼自己，雕琢自己，在这种修炼雕琢中，大家就会一天天朝向君子，朝向完美。总有一天，自己的生命会因为这种不懈地追求而终将实现它应有的价值，获得生命的真正的自由与尊严。

让我的生命简单正直如一支苇笛

心中的哀伤

桑

乌云滚滚，雷声阵阵，啊，心中的完美，你在哪儿呢？我到处寻你，却怎么也找不到。你忍心将我抛在这黑暗的世界，自己走了吗？我的琴已变调，因你的不在弹出的曲子不再悠扬柔美，每个音符都黯淡无光，我的心因你不在而灰暗，充满了忧伤难过。在晨光中我和大众一起弹唱，只为了在玩耍中消磨时光。夜幕降临，空虚充满了我的世界，我独在黑暗中不安地徘徊。

究竟为了什么呢？你不在我这儿，宁肯去那荒芜贫穷的地方，我原是你的乐器，你却不再用我来弹唱。

这是在学习《吉檀迦利》时，桑写的一段文字。

要说班上迷茫的孩子，桑无疑是其中最典型的一个。他聪明、灵活、争强好胜，但也比别的孩子多了一些别样的心眼，也正因如此，他给班上贡献了很多值得讨论的话题。

记得上次竞选值周生，刚一开始投票，百灵就提出选桑，班上三分之二的孩子都马上举手表示同意。

桃夭老师觉得很奇怪。按说选值周生都是选班上纪律最好的孩子。而桑平时明明比较调皮，在食堂吃饭时也是最不安静的一个，怎么可能有那么多人都同意选他？

"好，我想问一下大家，你们评选的标准是什么？"桃夭老师没有说同意也没有说不同意，只是这样问大家。

大家都不吭声。

"百灵，你说一下，你选桑的标准是什么？还有彤，你支持桑的标准又是什么？"

两个女生脸上都很不自然。

"桑让我们给他投票……"彤底气不足地说了实话。

"好，桑还让谁给他投票了？"

手举起了一大片。

"嗯，你们觉得这样恰当吗？"大家都不吭声。

"有什么不恰当的，领导竞选不是也拉票吗？"桑小声嘀咕。

"很好，桑这个问题提得很有价值。老师想要问一下，领导竞选时说服民众靠的是什么？是不是他和民众的私人关系？"

"不是，他要靠政绩，大家要看他做了什么，准备怎么治理国家。"凯说。

"是的，大家支持不支持他要看他的主张是否符合民众的利益、是否和大家的价值观相同、是否能让国家按民众的意愿往前发展，而不是靠私人关系。"

"那么你们选桑的标准是什么？"桃夭老师再问大家。

孩子们不好意思了。

"什么是真正的民主？你们以为投票就是民主吗？真正的民主不是投票，而是通过讨论形成的共识。共识的一部分就是价值观。那么什么是我们班级的共识，什么是我们班级的价值观？"

"要遵守规则，规则面前人人平等。"

"要朝向美好，朝向卓越。"

"什么是我们班级最重要的？是私人关系，还是高于我们个人的原则？"

这个问题都不用回答了，连桑都不好意思再说什么了。

"真正的卓越者绝对不是靠经营关系来实现人生的梦想的，虽然关系也很重要，但更重要的是你的能力、你的品格、你真正的创造力！真的希望桑能为自己赢得真正的选票！但这要靠自律自强。等你有一天达到这一点的时候，说不定，你真能成为国家领导人，我们也都愿意发自内心地给你投上一票呢。"桃夭老师笑了，大家笑了，桑也笑了。

最有意思的是那次越野跑比赛。桑因为胖，最怕跑步，平时在操场上跑步都只能勉强应付，这次全校越野跑对他来说，那简直是"迫害"了。因为这是全校性的活动，老师说了除非有什么特殊情况可以提出来不跑，其余的都要参加。老师征求意见时班上别的同学都要去跑，桑大概是不好意思举手说不跑吧，只得勉强参加，回来后简直一肚子怨气：

> 这周五学校举行了一次非常大型的越野跑，全校每个班、每个人都要参加，尽管我非常地不乐意，但还是被迫参加了。
>
> 时间是早上第二节课下课以后，这一次时间过得非常快，两节课的时间转瞬即逝。要去越野跑了，我真是不知该怎么形容我那时的心情，就像一个内心不愿意、却被硬抓去服劳役的人一样，我觉得我的心里充满着痛苦。
>
> 但是这些苦终究只能憋在自己的肚子里面。当我看到三年级的孩子跑回来趴在地上时，心中更是愤愤不平，我们为了一个虚荣的名次要跑个你死我活，而老师们却是骑车的骑车、开车的开车，没有一个跑的，真不公平。我也因此停下了脚步，干脆走了起来，直到我走到张佳老师那里。张老师一见到我就说："来，桑，我跟你一起跑。"那时，我的心理突然平衡了好多，所以我也鼓起了勇气向张老师跑去，我和张老师边跑边聊，终于我也坚持了下来。
>
> 那时，我突然觉得，只要坚持，就没有什么完不成的事，所以，我也在那时做出了一个艰难的决定，以后我做每一件事都要坚持下

来，不管结果怎样，一定要坚持！

桃夭老师看到桑这段文字的时候，忍不住笑了起来。桃夭老师明白，那天还有几个人一定也产生了像桑一样的心理，只不过没有说出来而已。她把桑的这段文字在班上读了一遍。

"大家觉得桑说得有道理的，请举手。"

山磨磨蹭蹭地举起了手。

"谁有不同的看法？"桃夭老师又问。大家竟然都不吭声，刚才跑了前几名的凯和兰兰等竟然都没有说话，大概他们也被桑搅得有些晕了吧。

"好，那么我们就一步一步地讨论吧。"桃夭老师说。

"首先，我们看桑提到的一个关键词，公平。他说老师没有和同学们一起跑，这是不公平的。老师要问一下大家，学校的越野赛，是不是老师只有和学生一起跑，才是公平？"

"嗯，我也觉得是这样的。"山说。

"应当不对吧，老师是老师，比赛是同学间的比赛，又不是老师和同学间的比赛。"终于有同学提出异议了。

"在一所学校中，老师的角色是什么？与学生的角色有什么不同？"桃夭老师又问。

"老师是督促大家学习、带着大家学习、给大家教知识的。"孩子们七嘴八舌地说。

"是不是同学做的事老师都要做才叫公平？"

"当然不是了。难道同学做作业，老师也要去做作业吗？"有孩子这样问同伴。

"如果比赛前规定了师生都要参加，而老师们却骑着自行车，让同学跑，这公平吗？"

"不公平。"

"所以公平不公平取决于什么呀？"

"大家是不是都遵守规则。"

"对，这其实取决于做事之前制定的规则。如果这次越野赛制定的规则是全校师生共同参与，那么老师应该参与，这毫无疑问；如果制定的规则是老师间的比赛，那就只需老师参加，同学不参加；如果规定的是同学之间的比赛，那老师就是组织者，不参与。这个没有问题吧？"

"桑所说的公平，其实是不是公平啊？"

大家明白了，那不叫公平，而叫平均。

"桑还说了一个关键词，'我们为了一个虚荣的名次要跑个你死我活'这句话中提到了'虚荣'，老师想问一下，大家是如何理解'虚荣'这个词的？兰兰，跑了全校前几名，你是为了虚荣吗？凯、皮皮跑了我们班男生前几名，你们感觉到的是虚荣吗？"

"我们感觉到的是光荣，因为我们挑战了自己，觉得自己挺了不起的！"这几个孩子基本上都这样回答。

"虚荣与荣誉的区别是什么？是不是一切追求荣誉的行为都是虚荣的？凯，你考试考第一是为了满足自己的虚荣还是为了自己的荣誉？"老师又问孩子们。

"我跑前几名，考第一，我觉得都证明我自己挺有能力的，我觉得是荣誉。"凯说。

"好，其实很简单，虚荣，是试图获取'虚假的荣誉'，态度和方式都出了问题；而荣誉是真真正正地努力之后获得的一种自我价值感的肯定，不虚假也不虚伪。"

"你们觉得桑强调说这是为了获得虚名背后的心理动机是什么？"

"吃不到葡萄便说葡萄是酸的。"有人笑着这样说。

"是呀，其实是一种自我辩护。对不对呢，桑？"桃夭老师笑着问桑。

"将自己的懒惰和懈怠当成自由，并以公平之名自我辩护，这不只是桑的问题，也是很多人的毛病，是对自己不负责的表现。亲爱的桑，老师不相信你真的认为老师应该和你一起跑才叫公平。"

桑笑了，大家也笑。

"其实呀，学校组织这样的活动，也是为了让大家相互激发，挑战自身，在这种挑战中获得一种生命的尊严感哪。你看桑最后自己坚持下来了，也觉得自己很了不起呢，也获得了一种荣誉感。这其实就是奥运会等其他竞技类比赛的真正目的。"

"什么是真正的自由？想想干老师的那句话。"桃夭老师说。

"自由，意味着人可以跟自己的欲望、本能、陋习、偏见、惰性说'不'！自由意味着一个人的精神能够觉醒过来，并表现出他永恒的觉醒——而不仅仅是对社会要求暂时地表面服从。"因为桃夭老师经常引用这句话，大家对这句话已经很熟悉了，所以已能脱口而出了。

"所以，不要被自己的罗网所困，走向那个美好的自己！"罗网和美好也是《吉檀迦利》中大家都懂得的密码了，桃夭老师用这句话结束了这次讨论。

晚上，桑在暮省中自己也交代了：

> 今天，我们讨论了上周五跑步的事情。那天，我跑步时满怀着怨气，在今天的辩论中我为了说服自己、说服老师、说服全班同学，找理由为自己辩护。但是同学们都是火眼金睛，总能找出我的不对。其实我自己心里也知道，我是被罗网困住了，我只不过是为了保住自己的面子为自己找理由而已。我也知道什么是正确的。我会走向美好的自己的。

其实说起来容易做起来难，桑后面还有许多这样可爱的事情。

但他毕竟是个聪明的孩子，随着课程的深入，他的生命也在一天一天地发生着变化。

六年级之后，他越来越少用他那些聪明的小心计，他也越来越努力了。他本来就聪明，心思往学习上一转移，进步就格外快。历时一年半的《吉檀迦利》课程结束的时候，桑说：

　　在学习《吉檀迦利》的过程中，我的灵魂受到了一次次地洗涤，我不断地向着完美伸臂，我仿佛找到了最好的自己……这些诗，仿佛成了我人生中的明灯，带着我向前。我就像那不断装满又不断倒空的杯子，生命一次次地得到更新；我就像那支苇笛，吹出简单正直的曲子，歌唱着向着最美好的自我走去……

我的东西我做主

江小鱼新买的吉他报废了。一千五百元，对于一个农民家庭来说这可不是小数目。关键问题是，还不知是谁弄坏的。

平时，两个班的孩子中谁的吉他弦断了，或者谁忘带吉他了，都会去隔壁班借。孩子们从来也都会很大方地借给同学，有时孩子不在，桃天老师也会把孩子们的吉他借出去。

这一次也是这样，隔壁班孩子洁来借吉他时，桃天老师让江小鱼把吉他借给她，江小鱼毫不犹豫地就把吉他借了出去，而且两易其手。后来吉他还回来，江小鱼也没在意，直到周二晚上他练习时才发现吉他破了，拿给音乐老师检查，音乐老师确认这把一千五百多元的吉他已经报废了。

江小鱼耷拉着脑袋回来了。

谁该为这把吉他负责？

因为牵涉两个班级的同学，桃天老师把情况反映到了学校，并提议，由自己来承担这把吉他的费用，因为她认为作为班主任，她没有培养孩子们妥善保管自己财产的意识，应该负有第一责任。

"所有参与破坏本该有的游戏规则的人，都来承担若干责任。所以，我，你们两个班主任——陈老师和桃天老师，江小鱼，再加上相关学生，共同构成这把吉他的赔偿团。而这把破吉他和相关故事，作为学校文物保存。"干校长说，因为大家在这一块上都没有想到明确地制定规则并教给学生，老师让学生把吉他借给别人也犯了喧宾夺主的错误。

当然，这个游戏规则得让孩子们明白。

语文课下课时，桃夭老师抛出了问题："江小鱼的吉他破了，这件事我们大家都知道，现在，我们要找出责任人，你们认真想一想，谁应该为这把吉他负责，待会儿我们一起讨论。"

班上有几个孩子就很奇怪："老师，我们又没有用江小鱼的吉他，跟我们没有关系，我们为什么要讨论哪？"

桃夭老师说："有没有关系，待会儿讨论后你们就知道了。"

而江小鱼乐呵呵地说："是我的责任，是我的责任。"桃夭老师知道，他以为自己在这件事中没有任何责任才故意这样说的。

第四节课一开始，桃夭老师出示了图片，上面是江小鱼的吉他和网购的价钱，又让江小鱼把他的吉他拿到前面来，给大家展示那条细细的裂痕，然后宣布这把吉他已经报废了，大家都很吃惊："那么小小的一条缝吉他就报废了？一千多块钱就没了？"

"是呀，没了。现在老师很为难，我不能让别人赔，因为不能确定是谁碰破的，我也不能让江小鱼拿个破吉他回家，对他的家长交不了差。那么现在该怎么办，到底谁应该为这把吉他负责？"

凯反应快，马上说："江小鱼有一定的责任，因为别人借他东西还给他后他一点儿都没有检查，所以才导致这样的结果。"

桃夭老师再问："很好，有道理。江小鱼还有没有什么别的责任哪？"

涛说："江小鱼借吉他时应该借给值得信任的人，不要谁都借。"

桃夭老师接着这个话问道："江小鱼不把吉他借给别人行不行？"

"行，因为这是江小鱼的吉他，不是别人的。"孩子们回答得很干脆。

桃夭老师再问："那在教室中你向别人借橡皮，人家不借给你行不行？"

"行！"回答更响亮。

"嗯，因为那是别人的财产，别人有权利支配。那别人向你借橡皮，你借不借？"

大家毫不犹豫地喊："借！"

"为什么？"

"如果不借，下次也没人借给我东西了。"

"那吉他为什么就不可以随便借给别人呢？"桃夭老师再追问。

大家都挺懂事，异口同声地说："吉他太贵了。"

"好，我们得出了一条结论，不要轻易向别人借东西，尤其是——"

大家接口说"贵重的东西。"

桑补充说："借的人也有责任。"

"借的人有什么责任？"桃夭老师问

"借的人应该诚信，如果把人家吉他摔了就要诚恳地告诉别人。"桑说。

桃夭老师问："只是诚恳地告诉别人摔破了就行吗？"

大家都说："还要赔偿。"

"好，那现在我们就总结出了几点：1.不要轻易向别人借东西，更不能随便借贵重的东西；2.借了东西就要讲诚信，而且要承担一定的保护责任，损坏了要赔偿；3.每个人都有权利不把自己的东西借给别人，因为他对自己的财物拥有支配权；4.借给别人东西时，要看借的人是否可靠，不把东西借给不可靠的人。"

桃夭老师再问："那旁观者有什么要注意的没有？"

凯说："旁观者不要参与到别人这种事之中，因为借不借是那两个人的事，跟旁观者无关。"这也是他一贯的行事风格。

"那天，桃夭老师让江小鱼把吉他借给隔壁的洁有没有不妥？"桃夭老师又问。

孩子们都不吭声了。看来他们从小听老师的安排太多了，这时候就不知该如何判断了。

桃夭老师问他们："桃夭老师对这把吉他有没有支配权？"

有孩子说："没有，因为不是桃夭老师的。"

"如果桃夭老师支配了，那就是桃夭老师侵犯了江小鱼的财产权。所以妥当不妥当？"桃夭老师进一步说。

"不妥当。"有几个孩子终于敢说了。

"所以，在这件事情中，桃夭老师也负有一定的责任，也犯了错。"

孩子们你看看我，我看看你，他们想不到桃夭老师会这样说。

好，现在我们又得出了一条结论："外人不能侵犯别人的财产权，不能随便把别人的东西借给另一个人。"为了让孩子对这一点有更深切的认识，桃夭出示了一则新闻：

> 3月16日晚6时45分，杭州闻涛路，一对在钱塘江边散步的年轻夫妇，被一辆冲上人行道的马自达轿车撞出江堤，不治身亡。
>
> 驾驶马自达车的白某是新昌人，23岁，驾龄4个月。据说当时白某正急着去赶一个朋友的饭局。闻涛路限速每小时40公里，而据警方调查，肇事时车速应在每小时100公里以上，已涉嫌超速驾驶。白某因涉嫌交通肇事罪，被警方刑事拘留。
>
> 本次车祸的肇事者白某驾驶的黑色马自达6（车牌号为浙Kl1352）是他向朋友借的。车主是一名周姓女士。然而周某并不认识肇事者白某。事发当天，周某的儿子把车借给了朋友，那位朋友又将车借给了白某。谁也没有想到，这一"借"竟搭上了两条人命。

"大家猜猜法院会怎么判？"桃夭老师问大家。

"当然是谁撞死人谁负责啦！"孩子们毫不犹豫地说。

桃夭老师读道：

> 根据法律，车主也将承担连带赔偿责任。也就是说，本次车祸发生时，驾驶员没有喝酒，保险公司将赔偿保险限额，所有超过的金额将由驾驶员、车主连带赔偿，这里没有比例之分。也就是说，丽水人周某也将为这次儿子将车借给别人承担经济上的责任，同时也承担巨

大的精神压力!

大家一下子炸了锅,很为车主鸣不平。

"那么大家想一想,如果车主可以随便把车借给别人且不用承担什么责任的话,会出现什么局面?"

孩子们这下想通了:"这样的话,社会就乱套了,没有驾驶证的人也可以开着借来的车到处乱跑了,车祸率会大大的增加。"

"所以,遵守规则非常重要。借别人的钱物也是同样的道理,要遵守一定的规则。我们每一个人也要明白,我们对自己的财物有支配权,借不借是我们的自由,尤其是贵重的财物,借给别人之前一定要慎重。我们也要尊重别人的财物权,不是自己的东西不能随便拿,不要认为别人借给你东西是理所当然的事。"

"除了对自己的财物有支配权之外,我们还对自己的什么东西有支配权哪?"老师又进一步问了一句。

大家想不出来了。

"其实,我们不只对自己的财物有支配权,我们对自己的身体也有支配权,你们越来越大了,更要珍爱自己的身体,哪怕是父母,也不能随便侵犯你的这种权利。以后等你们长大了,学有建树了,对自己的文章、学术著作等也有支配权,别人也不能随便侵权,你们也不能去侵犯别人的著作权。我们想要社会自由民主,能够最大限度地保障每一个人的利益,那么,在平时的生活中大家就要尊重自己的权益、也要尊重别人的权益,要遵守游戏规则。"桃夭老师郑重地对孩子们说。

"现在,大家再说说,江小鱼这把吉他应该由谁来负责?"

"借的那几个同学和江小鱼都有责任。"

"还有谁有责任?"

"还有桃夭老师。"有几个孩子犹犹豫豫地说。

"还有呢？"

"没有了。"大家都说。

桃夭老师把干校长的处理意见出示给大家：

> 所有参与破坏本该有的游戏规则的人，都来承担若干责任。所以，干老师、陈老师、桃夭老师、江小鱼，再加上相关学生，共同构成这把吉他的赔偿团。而这把破吉他和相关故事，作为学校文物保存。

大家都很意外，干校长也要承担责任。

"干校长之所以要承担责任，也是因为他觉得自己没有把这种规则意识教给我们每个老师呀。

"桃夭老师也有责任，而且责任还挺大，因为桃夭老师本该教给你们怎么妥善对待自己的财物，但是桃夭老师不但没有教给你们这些，还带头侵犯了江小鱼的财物支配权。"桃夭老师有些惭愧。

大家不吭声了。

江小鱼哭了，不知是因为老师要承担责任，还是他没想到自己也要承担责任，他大概以为自己是在做好事助人为乐吧？

晚上暮省时，好多孩子都写了这件事：

> 本来我以为这事跟我没有关系，结果一讨论才发现，确实跟我息息相关。（荣）

> 今天，老师和我们一起讨论了江小鱼吉他损坏的事，从这件事情中我明白了许多道理。首先这是个责任和诚信的问题，借了别人的吉他要保管好，要小心用，并完好地归还，如果损坏了就要赔偿；其

次，作为被借者也要爱惜自己的财物，知道哪些东西该借，哪些东西不该借；哪些人可以借，哪些人不可以借。不管是借者还是被借者，都要遵循规则。我们对自己的财物、身体等都有所有权，我们要管理好它们，也不去侵犯别人的财产，更不要有意无意地帮着别人去侵犯另一个人的财产。（山）

我们会爱你，直到你把这爱忘记

　　自从上了六年级，桃夭老师就开始有意识地给孩子讲毕业之后的事情了，她想让孩子们离开这所学校后也能独立自强。

　　她也有意识地不让江小鱼周末留在学校了，除非周末乐队要训练。她怕江小鱼形成依赖性。如果一个孩子养不成独立学习的习惯的话，对他以后的人生不会有任何好处。

　　几乎每个周五放学后江小鱼都不想回家，他有时说要留下来教凯吉他，有时说他们几个乐队成员要排练等等。桃夭老师明白他的心思，狠着心告诉他："小白教凯就可以了，他家离得近，你还是回去吧，乐队又不训练，你没有必要留在学校。"许多时候，江小鱼的眼泪在眼中打转，收拾东西的时候磨磨蹭蹭的，直到别人都走了，他才在老师再三催促下离开。

　　那个周末来校后，江小鱼闷闷不乐的。

　　第二天课间操时，桃夭老师看到江小鱼眼睛红红的，问他怎么回事，他不吭声。

　　下晚自习后，江小鱼像平时一样守在桃夭老师的桌前不走。

　　"为什么不回宿舍呢？"桃夭老师问。

　　江小鱼什么都没有说，转了一会儿，终于走了。

　　没有想到，没过几分钟，兰兰就跑上来："老师，江小鱼在外面打小米呢。"

　　一会儿，两个人来了。

　　桃夭老师问原因。

　　江小鱼说："小米骂我，已经骂了好几天了。"

小米只是哭，不吭声。

桃天老师知道，肯定是小米说了什么话，惹恼了江小鱼。

"除了打架外，还有没有更好的处理方法？打人是最被人瞧不起的一种处理方法，你自己也不喜欢打人的人，是不是？更何况是对女孩子，你说过你长大后不打女孩子的。"

"是。"江小鱼低声说。

因为这个地方父母打架比较普遍，桃天老师已经多次在班上跟孩子们讨论过作为女孩子应该成为怎样优雅知礼独立的女性，作为男孩子应该成为怎样一个绅士，而底线之一就是绝不对女孩子动手。当时班上很多男孩子都深表赞同，江小鱼就是其中之一。

今天，江小鱼竟然打了小米。

问小米说了什么话让江小鱼生气，小米只是说："老师，我错了，我再也不说了。"

看她不说，桃天老师也没有强求，让他们彼此道歉后，她让小米先走，留下了江小鱼。

"小米说你什么了，你发这么大火儿？这么伤心？"

江小鱼开始不吭声，过了一会儿，才吞吞吐吐地说："他说我爸爸妈妈离婚了……"江小鱼哭了。

"她早上就说了，现在全班同学都知道了……"怪不得江小鱼今天眼睛红红的。

前两天，桃天老师还问江小鱼："你妈妈病好了没有？"江小鱼的眼泪当时就出来了："不知道，我打电话我妈妈不接。"桃天老师觉得很奇怪，到底是什么病？都两三个月了，也不见孩子一面。她现在有些明白原因了。但在事情还没有确定之前，她还是试图安慰江小鱼："她胡乱说你怎么能当回事？"

"我有一次睡得迷迷糊糊的，听到我爸爸和我姑夫好像也在说这件事，现在证实了，小米说我爸爸去他们家跟她爸爸说的……"

桃夭老师不知说什么好，看着江小鱼泪流满面，她觉得一切语言都是无力的。

也许，每一个孩子都有他要承受的命运。他生在哪里，生在怎样的家庭中，在某种程度上他就要承受这个家庭带给他的悲喜坎坷。作为老师，又能改变多少呢？桃夭老师突然有些灰心丧气。这几年来，她给江小鱼的家长发过多少短信，和他们恳切地交谈过多少次，一次次地强调，江小鱼是一个天赋极高的孩子，是一块未经雕琢的宝玉，家长一定要着力培养孩子，但是现在……她想起了百灵，想起了小文，想起了江柳，想起了小创，杏儿，顺顺……

"这些孩子只有真正懂得自律自强，才能真正地改变自己的命运哪！"桃夭老师感到了自己身上沉甸甸的责任，也感到了时间的紧迫。

她安慰了江小鱼，告诉他不管怎样，父母都是爱他的。这种事很正常，作为孩子不能因为父母而放弃自己等等，总之一大堆也不知有用无用的话。然后陪江小鱼一起出了教学楼，让他去宿舍休息，自己则在操场走了一会儿。高原上的天空是那么美丽、寥廓，远处，天空下，那些稀稀落落的人间灯火点缀在夜幕中，却没有任何温暖的感觉。

就在江小鱼知道父母事情的第二周，放学时他又藏在了舞蹈室里，四点多才出来。看着他那可怜的样子，想想他回家也见不到妈妈，桃夭老师不忍心硬赶他回去了。

那个周末，恰好桃夭老师要带女儿去体检，就叮嘱江小鱼自己待在教室中读书学习。江小鱼一个人在教室中待了一天，桃夭老师回来时，虽然买了吃的给他，但他看起来闷闷不乐的，一句话都没有说。

星期一语文课前，江小鱼嘟嘟囔囔，一副不开心的样子。上完课后，桃夭老师问他怎么了，他不吭声。

星期二课间操，因为前一周课间操时孩子们基本上都是在教室中练舞蹈，桃夭老师想着大家肯定也想去室外活动活动了，就带着大家出去跑步。本来和孩子们早有约定，如果做操就跑三圈；如果不做操，就在操场跑五圈，跑完后自由活动。平时她会陪着孩子们一起跑，那天，她身体不舒服，就站在操场一边看着孩子们跑，但那天桃夭老师觉得好奇怪 —— 大家跑得磨磨蹭蹭，像蜗牛似的在操场的另一边蠕动，好像还在说话，而更奇怪的是他们磨了一两圈后跑步的速度就基本上像走路一样了。

桃夭老师生气了："重新跑！像个跑步的样子之后再解散！"孩子们又像平时一样跑了起来，但跑完来到桃夭老师面前时神情各异。

因为不想影响第三节上课的情绪，桃夭老师没有批评他们，又带着几个最近热衷于跳远的孩子去跳远，连刚才懒洋洋的桑也跳了好几次。大家似乎忘了刚才的不快，高高兴兴地玩了一会儿后回到了教室。

第三节是语文课，上课前江小鱼又开始嘟囔了，和昨天上课前一模一样，桃夭老师看了他一会儿，他仍在嘟囔个不停，不理他都不行。让他站起来，他一甩胳膊"站就站，谁怕谁！"梗着脖子站到后面去了。这孩子以前偶尔也会给别的老师甩脸色，但在桃夭老师跟前这样过分还是第一次。

下课后桃夭老师叫江小鱼过来："说一说你为什么这两天上课前都嘟嘟囔囔的？"他一声不吭。

"如果不愿意说，就把原因写出来。"他还是一副桀骜不驯的样子，一句话也不说。

下午上课前他仍然没有写。

"这事肯定要说清楚的，不能每节课前都这样吧？如果说不清，从明天开始你就不用上语文课了。"

上晚自习时，江小鱼终于写好了。

桃夭老师一看，心凉透了。

"今天我们想去打乒乓球，老师却让我们去跑步，我们就很生气，就磨磨蹭蹭，第三节正好是语文课，我们就说干脆把语文课也磨掉算了……"

"江小鱼说的是不是真的？"

"老师，不对，是他提出让我们磨的。"下面的同学喊起来。

"是不是你提出来的？"

他不吭声。

桃夭老师非常难过，那天晚自习，是唱英语歌的时间，平时桃夭老师都会跟着大家一起上音乐室去，守在小海和小创的旁边教他们，这次她没有去。

唱完英语歌回来，让桃夭老师意想不到的是，孩子们齐刷刷地站着。

"坐下吧，为什么站着？"桃夭老师说。

"老师，对不起！"孩子们小声说。

"你们没有对不起老师，是老师没带好你们。"

这个晚上，桃夭老师没有让孩子们写暮省，就直接让他们回宿舍了，大家都习惯了第二节晚自习结束写暮省的节奏，今天不写，更加感觉到了事态的严重。他们站着不走。

"你们先走吧，老师坐一会儿。"桃夭老师在教室坐了好久，往回走时，在路上发现班上很多女生才往宿舍走，她觉得很奇怪。

她给校长发了一条信息：

> 我有个想法，我想辞去班主任的职务，可以让薛老师接我的班。
> 总觉得自己没有能力把班级带得更好，感觉很愧疚，很不安……

但她没有和校长达成协议。

第二天早上七点钟了，桃夭老师才去教室，这是前所未有的情况。平时，她一般六点二十左右就到教室了，进去后会看看孩子们是否喂好了鱼，是否浇好了花，地面有没有不整洁，该喂的喂，该补水的补一些水，哪里没有打扫干净她也会拿起扫把再重新扫一下，等到孩子们进教室，一切已停停当当了。

今天，她一走进教室，看到孩子们竟然全都站着读书。

晨诵没有上，用来解决问题了。她列出了几个问题给大家：

一、跑步的规则是当初大家一起商讨确定的，为什么自己定好的规则自己要破坏？

二、如果觉得老师让跑步的要求不恰当，为什么不用正确的方法和老师沟通？

三、当有人提出不恰当的提议的时候，作为一个明辨是非的人到底应该怎么做？

对于桃夭老师来说，最难过的不是江小鱼的这个提议，而是全班同学竟然在他的这个提议面前没有人提出异议。所以，她列出这样的问题，也正想借此让大家明白，一个自由决断的人应该是怎样的。

吃完午饭回来，孩子们写了一堆东西给桃夭老师。

亲爱的桃夭老师：

对不起！

桃夭老师，我认识到了我的错处，我不应该那样，我感到非常羞愧。

我承认，跟您学习的四年，我怨过您，但是我从来没有恨过您，也没有想过给您使小伎俩。

我喜欢您，喜欢您花一般的笑容，喜欢您讲课时的投入，喜欢您唱歌时打着拍子的样子……

您陪我走过了二三年级那一个个想家的日子，您陪我走过了那一段失去妈妈的悲痛时光，您如一位母亲一样，引导我，陪伴我，理解我，不像我爸爸，见面的第一句也是最后一句都是："去写作业。"您是我的第二个母亲，是我的第二个精神支柱。

想想以前，我曾经在您的肩上哭过，您安慰我，鼓励我，使我振作起来。

您在我的心目中已超过了我的亲生母亲。我的身生母亲只生下了我就走了，爸爸去追，三岁时，我才与母亲生活在了一起。五岁时，母亲又走了，爸爸又去追，直到我七岁才回来，而在那一个冬天，她永远从我的家中走了出去。我爸绝望了，所以，这个家中只剩下了弟弟、爸爸与我，而您，却一直陪伴在我的身边。

我身为班上的优秀者，请您每一次有什么任务都告诉我，我与凯来带着大家去做，我和凯都有这一份责任。

舞蹈方面，您也不用操心，让我、形、荣和小菊来承担。

劳动、运动方面的事情也都安排给我、形和荣，我们来往前带。

宿舍里的事情，您也不用操心，都交给我们四个宿舍长吧。

老师，您把这些小事情都交给我们吧，我们是班里的领头羊，这些都是我们的分内事，不用您操心。

在这件事情中，我们都有责任，我们不该去听那些不想跑的人的话，我们应该向前去努力，带着大家向前进发！

我和全班同学一定要向前冲，六年级，是冲刺的时候了。

放心，老师，我们一定会做好的。一定不会让您再操心，我们一定会自律自强！

老师，请相信我！这一次，我决不会放弃！我会加油！与优秀者们一起，带着我们班，冲刺六年级。

老师，相信我，我可以！

您的小种子：百灵

带着孩子们走过四五年了，怎么能说不带就不带了呢？桃天老师知道，其实连她自己都没有做好这个准备。她觉得自己很搞笑，再这样下去也没有任何意义了。

她问大家要不要重新制订锻炼规则，大家都说不用了，还是原来的做操跑三圈，不做操跑五圈，孩子们做出了种种保证。这其实不是重点。

桃天老师问大家："以后，如果还有人提议你们做什么事的话，你们怎么做？"

凯率先回答："先判断是不是正确的提议，如果是正确的，就可以做；如果不正确就拒绝。"大家纷纷表示同意。

"那如果大多数人都同意了，就剩一两个人了呢？你不随波逐流？"

"每一个优秀的人都应该铁肩担道义，坚守自己，认清利害，把精力用在美好的地方。"凯激动地说。

"老师不知道你们将来会怎么做，但老师希望你们能记住这件事，记住做任何选择时，先问问自己的本心，要有自己的判断，不要做随波逐流的人，否则往往违背了自己的初衷并让自己后悔莫及。这个世界上随波逐流被别人牵着鼻子走的人太多了。"

"老师也希望江小鱼做事时不被情绪左右，老师知道，他并不是一个真心要和老师捣乱的孩子，而是情绪来了就一切理性都没有了，老师希望他能控制好自己的情绪，理性地对待周围的人和事，成为自己应该成为的样子。"江小鱼趴在桌子上，看到老师和他们和解了，脸上的表情轻松了很多。

孩子毕竟是孩子，下课后，江小鱼又在桃天老师跟前凑来凑去了。

其实桃天老师越来越明白，自己犯了一个很低级的错误，在对待江小鱼的态度上，也许她一开始就错了。

从四年级开始，为了督促江小鱼练吉他，周末桃天老师就常常让他留在学校，在自己家里给他做饭，晚上也时常让他住在自己家，几乎跟自己的孩子没有什么区别了。而这学期，想着马上要毕业了，为了要培养他的独立性，每周又把他往回赶；上周江小鱼留下来了，她却带着女儿去体检，让江小鱼一个人在教室里待了一整天，他大概认为老师不再像以前那样爱他了吧？在母亲离他而去后，可能是自己不恰当的对待方式，让他认为老师也不可靠了吧？越想她越觉得是因为自己在不恰当的时间用了不恰当的态度对待江小鱼才导致了这一切。

老师和学生相处也有很多值得琢磨的地方啊。

记得以前百灵和江小鱼都说过，要认桃夭老师做妈妈。"我不是你们的妈妈，而是你们的老师"，她当时这样告诉孩子们。但是，其实，在和孩子们相处的过程中，无意中自己已经做得越来越像个妈妈了。

她无数次地想，如果让她回头重新去和孩子们走这几年的路，她能更像个老师吗？如果让她重新遇到江小鱼，她会把握好这个度吗？她不知道。江小鱼现在的状态让她深深地处于一种失败感中。明明应该走向卓越的孩子，却突然像换了一个人。

别的老师都说是因为江小鱼现在唱歌在学校小有名气，骄傲了，真的是这样吗？桃夭老师不这样想。

他可能只是混淆了老师的爱和妈妈的爱。

桃夭老师决定开个班会，和孩子们谈谈这些话题。

"真正的爱是怎样的？你们能举一些例子说一说吗？"班会从这个问题开始了。

大家七嘴八舌地举出了生活中很多的例子，每周回家母亲给做好吃的，父亲亲自接送，父母亲为了给他们提供好一点儿的生活条件在外面很辛苦地打工等等。

桃夭老师出示了纪伯伦的一首诗《论爱》：

………

　爱虽给你加冠，他也要将你钉在十字架上。

　他虽栽培你，他也刈剪你。

　他虽升到你的最高处，抚惜你在日中颤动的枝叶，

　他也要降到你的根下，摇动你的根柢的一切关节，使之归土。

　如同一捆稻粟，他把你束聚起来。

　他舂打你使你赤裸。

　他筛分你使你脱去皮壳。

　他磨碾你直至洁白，他揉搓你直至柔韧；

　然后他送你到他的圣火上去，使你成为上帝圣筵上的圣饼。

………

　　"纪伯伦认为爱是怎样的？"桃夭老师问。

　　大家读了几遍后就明白了，爱，不是一味地顺随，爱让人荣耀，也让人痛苦，爱是成全，是促进成长，是修剪，甚至是敲打。

　　"老师，那就是泰戈尔说的'刚强的慈悲'呀。"有的孩子非常聪明，马上联想到了我们刚刚学过的《吉檀迦利》中的诗。

　　"爱，就是帮助你让你的生活获得最高意义上的成就和尊严，获得真正的自由，而不是一味地满足你所有的小小的欲望，让你随心所欲。爱是给予，而不是一味地索取。"

　　"老师的爱和妈妈的爱有什么不同？"桃夭老师抛出了第二个问题。

　　"老师的爱比妈妈的爱严格。"大家都笑了。

　　"是呀，老师让你们必须达到某些要求，身体要达标，书写要达标，学习、礼貌、修养，各个方面都要你们达到一定的程度，让你们与自己的惰性做斗争，让你们不能随心所欲……老师的要求真多。"桃夭老师笑着说。

　　"你们觉得需要这样的爱吗？"

"需要，这样我们才能获得知识，变得更好。"孩子们什么道理都懂。

"是呀，说来说去，还是一个问题 —— 让你们的生命达到怎样的自由的问题。是追逐低级欲望的满足，像《永远讲不完的故事》中旧皇帝城中的那些人呢，还是像阿特莱尤一样成为真正的英雄。歌星在台上唱歌的时候是自由的，他们可以创作各种歌曲，在艺术领域尽情地表现他的自由，但是，在生活中，他能不能随心所欲哇？"

桃夭老师出示了几则歌星的新闻，之所以有意用歌星的例子，也是为了让江小鱼能更容易地理解自己：

> 2011 年 5 月 17 日 14 时 30 分，高晓松醉酒驾驶案在北京市东城区人民法院开庭审理。高晓松醉酒驾驶机动车犯危险驾驶罪，被判处六个月拘役，罚款 4000 元。
>
> 高晓松自述，他以前以为喝酒能获得自由，没想到反而失去了自由。他表示没有为自己辩护的需要，有的只是忏悔。他愿意承担此次车祸中的全部责任，并且表示要最大限度地赔偿受害人和造成的损失。他表示酒令智昏、以我为戒，他愿意终身做一个宣传普法的义工。
>
> 2008 年 11 月，歌手臧天朔因涉及恶势力团伙而被北京警方逮捕。臧天朔涉嫌杀人案件始末也随之被曝光。2010 年 1 月，北京市高院裁定驳回臧天朔上诉，做出终审判决，维持 6 年有期徒刑原判。
>
> 2006 年 5 月，窦唯因对《新京报》有关报道持有异议，发狂泄愤，大闹报社，砸电视、电脑、办公物品，并纵火烧报社员工的汽车，公安机关以涉嫌纵火罪将其带走，随后把他送到宣武看守所实施刑事拘留。

江小鱼静静地看着这些新闻，孩子们静静地看着这些新闻。等到桃夭老师举出李天一的例子时，大家都觉得分外惋惜，因为李天一家庭环境那么好，小时候是那么多才多艺，真是可惜呀。

"是呀，李天一真可惜。艺术代表着创造的自由，在艺术的领域里可以随心所欲，没有禁区。但如果超出了艺术的领域，自由就应该有所限制。李天一把本应属于艺术的自由用到了生活中，结果就毁了自己。"

"以我们班的孩子为例。凯因为学习好在学校出名，如果他在别的方面都不好，还有人会佩服他吗？皮皮跑得快，但如果他打人骂人还有人会喜欢他吗？天虎鼓打得好，如果他为人不好，我们还会喜欢他吗？江小鱼现在是全校孩子的偶像，但舞台上的光环能罩得住生活中真正的他吗？如果他在教室中的形象和在舞台上的形象大相径庭，大家还会把他当偶像吗？你用什么使你身边的人真正喜欢你，敬重你，甚至崇拜你？有时候，越是出名的人越要注意自己各方面的修养。"桃天老师的话题回到了孩子们身上。

"本质上，人人都是艺术家，只是显现的时间不同、方式不同而已。你可以在文学的领域自由翱翔；你可以在科学的领域自由创造；你可以用舞蹈跳出你想要的一切世界……但是，在生活中，你却不能为所欲为，你必须遵行一定的规则、一定的制度。你理解了规则的意义，理解了自由的意义，也就理解了真正的爱。"桃天老师说得有些多。

"雕琢自己，哪怕再疼也要坚持！接受真正的爱，也真正地学会爱自己。真正的爱包含着责任，包含着期望，它不是纵容。"

那一天，江小鱼在暮省中写道：

> 我真正地认识到了我的错误，我绝不再这样做了，这种自由是一种很低级的自由，我要追求高级的自由。自由并不是为所欲为，对自己身上不好的东西说"不"才是真正的自由。

可能江小鱼自己也不知道自己是怎么了，就像心里有一股火似的，那段时间，他经常控制不住自己。

午休时，低年级的几个孩子在二楼闹，他嫌影响了自己休息，冲到二楼宿舍就踢了一个小朋友一脚，被告到了桃夭老师跟前。

他把自己的悠悠球借给三年级的小朋友玩，结果被三年级的小朋友搞坏了，他扬言要打人家，又被三年级班主任告到了桃夭老师跟前；

跟五年级小朋友玩打赌，本来是玩一玩的事，人家输了时他真向人家要钱，又被五年级的班主任告到了桃夭老师跟前；

在食堂吃饭，吃不完了，就让顺顺去替他倒掉，被值周生抓住了，他骂骂咧咧的，又被送到了桃夭老师面前；

…………

大家提起江小鱼，再也不是以前那样充满赞叹的口气，在某种程度上，江小鱼在有些老师的心目中已成了恶的代名词，几个本来想邀请江小鱼到他们班去唱歌的老师也不再提这事了。只有桃夭老师知道，江小鱼并不是他所表现出来的样子，他也不喜欢自己现在样子，但是，他现在被一种魔障控制了，自己也难以挣脱。

当这些事情发生的时候，桃夭老师带着大家一起分析。

悠悠球事件中，为什么会把本来和大家分享的好事变成影响自己声誉的坏事，应该如何通过正当的途径既讨回自己的悠悠球，又显得自己文明有礼；

怎样的赌博可以玩，怎样的赌博不可以玩，不是所有的赌博赢了都可以理直气壮地要钱；

食堂的规则要不要遵守，在公共场所如何塑造自己的形象……

每次讨论的时候，江小鱼都后悔莫及：

我今天做了一件太不光彩的事，打了二年级的小朋友，像个野蛮人……

我觉得我真蠢，不用文明的、聪明的方式解决问题，影响自己的声誉不说，还给老师带来烦恼……

　　我又办了一件蠢事，本来是别人的错，人家要跟我打赌，结果因为我处理问题方式不对，最后变成了我的错…………

　　今天，我在食堂真是很丢脸，在舞台上挣得的荣誉都被我这样挥霍完了……

他一边情真意切地痛悔，一边接二连三地出现新的问题。

荣是江小鱼几年的同桌了，两个人关系一直很好。这天，江小鱼早上还好好的，下午时，突然情绪就不好了。先是和胳膊骨折的米兰吵啊吵，晚自习下课后，和荣玩耍时，几句话说得不合心思，竟然对着荣就用脚踢了过去。

　　上学期让大家自豪的江小鱼，这学期突然间就变成了这样，班上的同学都痛心极了。

　　被打的荣，这个善良的孩子，竟然说：

　　江小鱼踢了我一脚，我非常疼，但是，我可以真诚地说，那时，我并没有恨江小鱼、怨江小鱼。我只是觉得他可怜，他被恶化了，但我知道，他其实很好。我总觉得他是一个外强中干的人，所以，我想对大家说，不要恨他，不要怨他，我们一起感化他……

最近和江小鱼关系不错的凯说：

　　江小鱼打了米兰和荣。我心中非常难过。……我从心中觉得江小鱼太可怜了。想做一个好孩子，却始终冲动，原先打男生，现在打女生。我多么希望他可以克制自己，我有时候也生女生的气，但是，我从没有想过要打女生，因为他们是女性，上天赋予我们孔武有力的身躯并不是用来欺凌弱者，而是用来保护弱者的！男孩子，要活出自己的那一口气。

江小鱼像每次一样，也意识到了自己的错误，也很后悔：

昨天，其实一上午我表现都很不错，但下午却又一次伤透了老师的心、伤透了大家的心。下午，我在教室里转悠，因为一件小事，和有伤的米兰吵了起来。晚上和荣玩耍时我又踢了荣，让荣今天一天肚子疼。老师，我知道，你对我实在是付出了太多，每一次的批评，我其实都认识到了自己的错误，而且我也下了决心想要改，但我也不知道是因为什么，我总是动不动就出手打人。我也想让自己变得很文明，但遇事的时候，我总是突然发脾气，总是控制不住自己。放心吧，关心我的老师和伙伴们，我会给自己一个交代，我要加油，我一定会控制住的。

山和江小鱼一直是乐队最完美的搭档，两个人因为在吉他上的互相切磋早已成了不分彼此的好朋友，现在眼看着江小鱼这样，山怎能不难过？桃天老师好几次在班会中讨论过友谊的话题，跟大家探讨过什么是真正的朋友，"那些能带着你一起走向美好的，能和你一起飞翔的才是你真正的朋友……"孩子们也越来越多地有了一份朋友的责任心，山对江小鱼尤其如此。在教室中他不说什么，但是下了晚自习，他把江小鱼叫到了操场上。

"我不知道你怎么了，为什么现在失去了你本来的样子？你的天赋那么高，你怎么可以这样浪费自己的天赋呢？"山说着，竟不由得哭了起来。

"你看你现在动不动就给老师丢脸，还打女生，再这样下去，你会把自己毁了的。"

江小鱼也难过了："我也知道自己不对，我也不知道我怎么了，总是控制不住自己……你放心，我一定会把你的话记在心里的，我会努力控制住自己的脾气的。"他在交给老师的随笔中把这一切都写了下来。

桃夭老师能体会到江小鱼的痛苦，她知道江小鱼不坏，知道对于江小鱼来说，家庭的变故让他心里难过又无法诉说，知道这学期不让他周末留校，他潜意识中可能认为老师也不可靠，也许江小鱼的内心世界正在发生着翻天覆地的大变化，也在左右冲突。作为老师自己应该如何做才能让江小鱼在这段痛苦中获得真正的成长，而不是让他的世界坍塌？作为老师，她得做些什么，除了在江小鱼犯错时和一般孩子一样，按班级规则来对待之外，她想要给江小鱼另外一些东西。

一个中午，当江小鱼又一次做错事之后，孩子们都去休息了，桃夭老师拿起笔给江小鱼写了一段文字：

亲爱的江小鱼：

昨天，老师还为你最近的情绪平和而心中暗暗高兴，今天你出状况了。老师相信，你也不想这样，因为以老师对你的了解，从本质上来说，你其实是个好孩子，也一直想做个好孩子，老师一直认为你只是不会处理自己的情绪，不会用理智去战胜自己的情绪。

所以，尽管有时因为你的行为而感到伤心，但我还是愿意一次一次地相信你会起好起来，而且我确实也看到了你的努力。一次一次，看到你在生过气后在暮省中、作文中所表达的后悔，老师相信这都是真诚的，所以，一次一次，老师总是满怀着期待，期待着那个你、我、我们大家都期望的你重新出现。

老师知道，你的心中也有许多难以说明白的烦恼甚至痛苦。因为生活给了你沉重的考验，沉重到你可能感觉自己承受不起，沉重到你心中的某些东西自己都不愿意去碰触。但是，有什么办法？我们总得接受自己生命中的某些东西，遭遇怎样的父母我们不能选择，遭遇什么样的事情我们有时也不能选择。我们能选择、能掌控的就是我们自己的生命，我们可以告诉自己："不论遇到什么情况，我都不会被打败！"我们也可以告诉自己："命运对我不公，我被它打败了。"你愿意选择哪一种呢？你的人生是你自己的，不是父母的，也不是老师的，更不是别的什么人的，我们怎么可以因为父母或者老师甚至周围别的什么人而放弃对自己生命的责任呢？是的，让自己美好是一种责任，是你自己的一种责任！你慢慢地长大了，要承担起对自己生命的这份责任！

你也要知道，不管父母相守还是分离，他们都是爱你的，他们那样做仅仅是他们俩之间的事，跟你没有关系。对孩子的心，做父母的无论在哪里都不会改变的。虽然你这么久没有见到你妈妈了，但她上次托人带来豆面给老师，那是因为她爱你呀！

老师也爱你！尽管你一次一次地让老师伤心，但有一天，也许你都忘记了，老师也不会忘记曾经的那个小男孩，那个带给老师欢乐、让老师满怀期望的小男孩……

人生总会遇到各种不顺，各种痛苦，但是，我们不能把自己的不开心无限度地扩展到别人身上，我们不能让自己的坏情绪去伤害许多我们明明珍视的人和事。

是的，坏的情绪确实在伤害着很多美好的东西。首先，它伤害的是你自己，让你表现出来的形象和你希望成为的形象越来越远；其次，它也伤害一切爱你的人。譬如在学校中，受伤最深的当然是桃天老师，因为老师是这个学校中最爱你的人。无数次，老师就像对孩子满怀着期望的父母一样，想象着你的美好未来，期望着你的辉煌人生。

桃天老师不怕你犯错，但怕的是你一次一次地犯同样的错，怕的是你不珍爱自己，不珍爱自己的形象、自己的天赋，怕你浪费掉它们！

但我不知怎样才能把这种自我珍爱放进你的心里去，不知怎样才能让你知道你的一点一滴的行为都应该努力给自己添彩，不知怎样才能让你意识到你一定要努力让你的生命开出一朵美丽的花来。上天是多么眷顾你，给了你许多别人没有的天赋，譬如对文字的敏感、对音乐的敏感、清脆的嗓音、协调的动作……可以说，如果再加上一颗自律自强的心、永不懈怠的心，你一定会让自己现在的每一天过得光彩照人，也会让自己将来的人生也光彩照人的。

…………

也许，经历痛苦，生出枝杈是成长中正常的事，毕竟人要长大，总要经历一些事情，经过一些弯路。重要的是从这些弯路中获得成长，不让这些弯路白走。

对你来说，现在最重要的就是控制自己的情绪，让自己朝着理性、有教养的路上走，朝向卓越的路上走，把生命中的痛化成生命的正能量，督促着自己向前进。

是的，本来，这学期应该是你走向卓越的时间了呀！怎么可以突然就往下掉呢？上个学期，那个热爱一切的孩子、那个觉醒的孩子，这学期难道不应该走向卓越了吗？！

你是要一天一天成为一个真正的男子汉的呀！一个理性智慧的男子汉的呀！

老师不会忘记，在儒家课程结束的时候，你写下的那段话：

"'孔子十五有志，三十而立。'他早年就给自己定下了志向，而我，身为一个六年级的学生，已经是一位青少年了，难道，我就不应该给自己立下志向吗？……

"我还有一个更大的目标就是想成为一名音乐家，一位创作型的歌唱家，当我下定这个决心的时候，我对自己说：'现在，我一定要认真地学习唱歌，学习乐器，也要把语文学好，这样，我才可以在长大时创作出好的歌曲。'我不可以为自己的愿望吹牛，我必须用实际行动证明自己！"

亲爱的江小鱼，不要忘记自己的愿望，珍惜自己，珍爱自己，用卓越的标准要求自己，给自己的情绪找一个好的出口（譬如当意识到自己情绪不对的时候控制自己不说话，选择沉默；要求自己马上投身到应该做的事情中去，告诉自己："此时此刻，我应该……"，然后马上行动等等）！给自己的人生确定一个好的目标，并为之努力！

我期待着，以一颗老师的充满憧憬的心期待着！相信你也期待着更好的自己！那就去做！一点一滴地去做！永远不要辜负自己的生命！

因为时间关系，老师只能说这些，马上要上课了。

桃夭老师于 2015 年＊月＊日午休

江小鱼看完老师写给自己的这封信的时候，一句话都没有说。桃夭老师不知道他心里在想什么。总会留下一些什么吧，桃夭老师安慰自己。

没过多少日子，下午练吉他时，桃夭老师看涛和江小鱼在一起叽叽咕咕，就走了过去，江小鱼把手里拿的本子藏了起来，她知道，江小鱼开始创作自己的歌曲了。

假期中，他创作的那首歌在班上唱给大家听的时候，桃夭老师真是感到惊喜极了，音乐杨老师听过后还说要拿给乐队排练呢：

当我厌倦了学习，我只会躲在角落里；
当书包里装满了书本，我觉得有些累呀。
当我喜欢上了唱歌，我又会去练习；
当我唱得激情洋溢，世界刹那间变得明亮。

当世界变得黑暗，我在哪里？

当世界变得光明，我站在这里。

一切都是因为我，因为我的懒惰，

一切都是因为我，因为我的热爱。

我该怎么办我该怎么办怎么办哪——

当我厌倦了吉他，我会不会再把它拿起？

当我喜欢上了架子鼓，我会不会敲个不停息？

一切都是因为我，因为我的任性；

一切都是因为我，因为我的热爱。

我该怎么办我该怎么办怎么办哪——

站在这里，我希望自己顶天立地。

站在这里，不论是光明还是黑暗，

让我唱出我生命的歌曲。

下次江小鱼会创作一直什么样的歌呢？和他在一起的天虎说："桃夭老师，江小鱼在给你写一首歌……"

但江小鱼自己从来没有说过，也从来没有唱过。桃夭老师想，也许那是一首珍藏在江小鱼心里的歌吧。

爱的华尔兹

音乐响起来了，帷幕拉开了。

舞台的一角，兰兰一手提着裙角，一手轻轻地搭在江小鱼的手上，江小鱼的另一手背在身后，点着舞步，入场了；舞台另一角，凯也一样，平时的顽皮不见了，轻轻牵着米米的手，翩翩而入……

谁能想到，当初这些摆个姿势都很困难的孩子如今能在舞台上翩翩起舞呢？谁能想到，这些优雅的舞姿就是那些当初整天在沙堆中灰头土脸的孩子们跳出来的呢？

绅士一样的男孩子，优雅矜持的女孩子，灯光下愈发显得端庄典雅了。

桃夭老师的目光随着一对对孩子转动。

她首先搜寻到的是小翔和杏儿。

为了练会这个舞，杏儿哭了多少回，退缩了多少次，但现在，她满脸的光彩，不见了脸上的瑟缩，不见了身体的僵硬，代之的是一抹自信的微笑；而小翔，那个尽管很认真，动作却一遍一遍做不到位的小翔；因为总要模仿别人，训练时一直比别人慢半拍的小翔；因为知道班上男生多女生少，以为自己会被剩下的小翔——此刻，穿着一身袭优雅的黑色华尔兹礼服，带着杏儿翩翩而舞，哪里还有半点儿放羊娃的影子？虽然有时还要扫别人一眼，但或许只有细心的桃夭老师才能看出来吧。

想想二年级时每天都要教"男孩子要站成一棵漂亮的小树，女孩子要站成一朵漂亮的花儿"时的情景，看看现在这些堂堂绅士、翩翩淑女，桃夭老师不由得感慨，孩子们的可塑性是多么大呀！

想起原来每周给家长的信上都要提醒洗澡、理发、剪指甲、来校时带几双袜子几身内衣的情景，到现在孩子们在舞台上的优雅得体，这中间发生过多少故事！

想起原来每天都要借用南开大学的容止格言"面必净，发必理，衣必整，钮必结，头容正，肩容平，胸容宽，背容直……"来要求孩子，甚至督促他们洗脸洗脚到现在他们表现出来的这内外兼修的气质，这中间走过了多少路！

米兰和岐翩翩而舞。

这个可爱的女孩，眼睛又大又亮的她，四年级时突然审美觉醒了，头上不是扎很多小辫，就是夹很多发卡，因为技术不过关，头上经常乱蓬蓬的。有一次升国旗，她做护旗手，早上来时满头的麻花辫，但现在，她已经知道什么是真正的美了。

> 以前我一直留短发，有一天我忽然冒出了一个想法："我要留长头发。"从那天起我的脑勺后便多了两根两寸长的小辫儿，过一周后我的头上便多了许多装饰品，因为头发短所以用了很多，但头发还是乱乱的，桃天老师实在看不下去了，就帮我梳了头，扎了整齐的小辫，只卡上了一个装饰品，然后桃天老师讲了一句："头上可以少插一点儿装饰，照样也是很好看的。"
>
> 而现在，我只梳了一根马尾辫，戴了一根发夹，我可以说自己是有一种朴素美的。不论在哪个场合，我们都要打扮适宜。不要因为装饰而将自己的光泽遮掩，让生命本身的美消失不见了。

小菊和天虎在舞台的正中心翩翩起舞。

记得刚开始决定要跳这支舞的时候，他们手都不愿意拉，这些即将进入青春期的孩子，对男女同学的交往已经很敏感了。而现在他们大方得体地跳着这支舞，看起来是那么的优雅。

兰兰和江小鱼在翩翩起舞。

这个兰兰，有一段时间曾经为了漂亮，竟然总是借外班同学的衣服穿。上学期，桃夭老师无意间竟发现她的本子上写着许多谁喜欢谁的话。桃夭老师跟他们讨论爱的本质，给孩子们讲了《活了一百万次的猫》，虎斑猫对白猫的爱，白猫的矜持与高贵都深深地触动了孩子们……现在，她在台上翩翩起舞，桃夭老师仿佛看到一颗高雅的种子在她体内萌芽……

不知若干年后孩子们会不会记得这个夜晚，这个舞台？记得自己翩翩的舞姿？会不会记得当初大家"做优雅男孩女孩"的追求，记得干老师提出的"亦儒亦侠亦温文"的修养目标及他的解释：

> 儒者，书卷气也；侠者，英雄气也；温文，和气生机也。
>
> 静若处子，动若脱兔，言貌优雅而不事张扬；若出手出口，必不凡不庸。

时光时光你慢些吧

毕业课程开始了，当桃夭老师晨诵时展示出"最后的赠礼"几个字时，她看到好多孩子脸上明显地抽搐了一下，她的心也抽搐了一下。

曾经，毕业是多么遥远的事情，而转眼之间，已在进行毕业前的谆谆叮嘱了。设计"最后的赠礼"的初衷就是怕孩子们从小学的童话王国出去之后，不适应外面的环境。外面的世界很精彩，但外面的世界也会有风雨，亲爱的孩子们，你们将如何面对这些风雨？

如同妈妈要把孩子送到外面的世界时一样，桃夭老师现在也满怀着忐忑。但是她知道，自己只是孩子们人生旅程中这段路的陪伴者，尽心尽力地陪好这一程，就得放手。现在，她只有通过这些诗来叮嘱孩子们，要坚强，要坚守，要有梦，要开花。

以前虽然一直说毕业，但毕业对孩子们来说也只是一个遥远的词语，直到这一刻，他们才突然意识到，最后的时刻到了，要离开这所童话王国了：

> 那天早上，桃夭老师晨诵时出示了一行字"最后的赠礼"，我一下子呆住了，心不由得一颤。
>
> 啊，时间真是太快了，怎么转眼间就到了毕业的时刻了呢？
>
> 那个二三年级的我还历历在目，那时，桃夭老师给我们讲一个又一个的故事，我天真烂漫地听着，以为那都是真的：鱼儿会跳舞、花儿会说话、青蛙可以变成王子、有一个拇指样大的姑娘住在花心里、美人鱼变成了公主……

百灵在文章中写道，其实内心震颤的何止百灵一个呀。

兰兰说：

　　那天早上晨诵，老师打出了一行字"最后的赠礼"，我不禁有些伤感了，这是我们的最后一个课程了，我们就要毕业了。

　　…………

　　我们马上就要各奔东西了，谁也不知道谁会去哪里，在这个大千世界上，我们也许会遇到热情的面孔，也可能遭遇到很多冰冷的面孔，有可能成功，也可能遭遇挫折……生活中的各种际遇会使我们面临更多的选择，有人会坚守梦想，有人会懈怠和放弃，不同的选择会使我们走上不同的人生，不同的选择会使我们成为不同的人，在岁月的河流中，我们会唱出什么样的歌呢？

一向嘻嘻哈哈的桑也体会到分别的迷茫了：

　　时间如流水，我的日子就像针尖上的水滴滴进大海一样，没有影子，也没有声音。

　　我仿佛昨天才刚刚见到桃天老师，刚刚认识我的同学，却在一瞬间我们的缘分就要结束了，以前的时光总是那么快乐，摆在我眼前的未来的路却有些迷茫……

孩子们也深深地明白了这个课程中包含的老师的叮嘱。

杏儿说：

　　"最后的赠礼"这个课程的背后有着老师对我们的期望，期望我们在走出学校后过好自己的人生。

………………

我为自己立下了目标，当我长大的时候要做一名园丁，我要无愧于心，我会珍惜我的尊严，遇到挫折我一定要在心中对自己说：只要我勇敢去面对，总有一天我会变得更好的，也许我会成为一名很不错的园丁呢。

也许到了最后，我们这些小种子中有一些人会从一颗种子变为一朵美丽的花儿，可也有一些人也许不会开花，我希望我是会开花的那一颗种子，我希望我能开出一朵美丽的花。

在距离毕业考只有几天的时候，桃天老师收到了一篇文章，是苏铁的。看完时她不禁泪眼婆娑了：

光阴的故事
—— 写给桃天老师

六年的时光从我眼前走过，我却从来没有感觉到时光的流逝，六年就像是一瞬间的事。今天，当我感觉到时光匆匆时，一切似乎都已经走远。

记得上二年级时，我还是一个懵懂无知的小男孩，但从那个时候起我逐渐开始变得爱学习了，变得有愿望了。也许这一切的一切都是您给我的，是您让我学会了这一切，让我变得有品德。

我到现在还记得您第一次给我们上课时说的那句话："哪怕你真是像别人所说的不够聪明，只要你肯努力，我就认为你是个了不起的孩子。"这句话我想您不只对我一个人说过吧，还有那些跟我一样学习不怎么好的同学一定也听过吧。是您的这句话激发了我努力的勇气。

一年级时我经常被人嘲笑，而嘲笑我的那些人都是我们班的同学，他们笑我是一个说话结巴的人，我现在还记得他们咧开嘴大声地笑我的情景。我当时经常会流下眼泪，但是大家都没有看见。

你带我们之后，不许他们笑我，从此，即使在课堂上我读课文结结巴巴的也没有人笑我了。

你告诉我要努力，不要管别人怎么样，那是别人的事，没有一个人是十全十美的。我就想只要我不嫌我自己就足够了，我不管他们笑成什么样子，我都置之不理，笑就让他们笑吧。我把这句话铭刻于心，我觉得我的境界升了一级。

当时的我有了一个宏大的愿望，就是要让自己成为全班男生中写字最好的，而这个愿望的实现不仅仅有我的功劳，更有您的功劳。是您一声声的督促和鼓励，让我坚持了下来。功夫不负有心人，在这两个学期中，我在班上男生中是字写得最好的了，但是我虽然高兴，却也害怕，害怕两个人超过我。这两个人是江小鱼和涛，凭他们的天赋完全可以超过我的，但是他们却没有我这样的耐心，字是要练习的，他们不太练习，所以慢慢地就落在了我的后面。

因为我的字是男生中最好看的，因此我终于进了梦寐以求的小培训班。这是怎样的一个培训班呢？是充满墨香的小班，由班上写字最好的四个同学组成，男生中就我一个，那是比写钢笔字更上一层的荣耀。您也没有少让我努力，为了我们把字练得更好，您没有少费口舌。

几年过去了，我们随着时光在成长，您说自己也随着时光变老了。但是我总是觉得您的时光在倒流，而您的容貌也随着时光在变得更年轻，也许这样说有些不恭敬，但我确实是这样想的，这可能是我的愿望吧。有一句歌词确切地表达了我的想法："时光时光慢些吧，不要让您变老啦……"也许您也希望自己的时光慢下来吧。

在我的心中，不管您是年轻漂亮还是满头银发，您都是我的老师；

不管我们以后会不会见面，我永远都会记住您，您就是我的老师，不管"桃天老师"这几个字是会永远记住还是会忘掉，您的身影已在我的心中永远地刻下了。谢谢您，我的老师。

桃天老师以前规定，写作时不让孩子们写她，"要写桃天老师，等你们离开这所学校再写吧……"她对孩子们说。但是随着毕业的临近，孩子们也不再管这些禁忌了。

就是这个苏铁，桃天老师刚带这个班时，他的姥姥追着问桃天老师："你说我家苏铁头脑到底有没有问题呀，老师？别人都说有问题。"就是这个苏铁，据说在幼儿园吃饭时常常嘴里塞着面条就睡着了；就是这个苏铁，父亲母亲都是残疾人，从小由姥姥一手带大，二三年级时，考试从来都是十几分二十几分，如今也能写出这么动人的文字了。

记得二年级时为了鼓励和引领孩子们做写绘日记，桃天老师自己每天也写日记，每天表扬一个同学，并由这个孩子来配图，第一个写的就是苏铁呀：

早上苏铁为班上换了一桶水，一个人能据起一桶水，真是小伙子了呀！今天他的作业也是最近以来做得最好的一次，字写得可真漂亮啊！苏铁今天做操也很认真，在操场中，在阳光下，像一棵小树一样漂亮。

记得那天，吃过午饭，当桃天老师把这篇小日记写在黑板上的时候，几个同学静静地看着，苏铁仍然在和顺顺玩，没有注意。当桃天老师开始读时，大概他是听到了自己的名字，停止了玩耍，抬起头来，脸上的表情既诧异又复杂地变化着。桃天老师读完，把自己的写绘本郑重交给苏铁，让他抽空帮老师配画的时候，他拘谨地笑了。

那天放学前，他打扫卫生，是那一组打扫卫生的同学里最认真、走得最迟的一个。打扫完卫生，他把配好画的日记本羞涩地交给桃夭老师，从门里出去的一刹那，挥手对桃夭老师说"老师，再见！"，这可是从来没有过的事情啊。也许因为他说话结巴，平常放学，他总是很快地在老师不注意的时候就跑了呀。

就是这个苏铁，努力突破自己局限的苏铁，这一路走来，经历了多少的苦与乐！

流了多少眼泪，冲破自己说话结巴的局限，为自己赢得了喜欢的童话剧角色；训练了多久，才在轮滑、乒乓球和舞蹈方面成为了班上的佼佼者；他的文章写得越来越好了，他的内心越来越丰富细腻了，他开始懂得感激身边的人了，不论是带他长大的姥姥，还是陪他走过几年的老师都能感受得到。

虽然和一般的孩子相比，他甚至还远远不够好，但桃夭老师已看到了一种让她动容的东西，这是时光的功劳，这是光阴的故事。

时光时光你慢些吧，让孩子们成长得再从容一些吧。

亲爱的苏铁，亲爱的小种子们，在岁月之中，不管是在沙漠，还是在绿洲，请你们不要忘记成长，请你们迎着风雨，向着蓝天，开出自己的花吧。

毕业考

离毕业考越来越近了，桃夭老师都不忍心计算时间的脚步了。

孩子们也越发地紧张了。

这个夏日，注定是难忘的。

孩子们怀着离别之意，也怀着满腔的热情在努力着。每天早上，他们六点半就到教室了，背诵默写，小脸上满满的写的都是努力。江小鱼的背诵默写速度极快，百灵、凯、桑、小米、翠翠、兰兰等孩子也不甘示弱，大家你追我赶地学习着，虽然内蒙古的夏日是凉快的，但是桃夭老师却能从孩子们身上感受到一种高涨的热情。江小鱼清脆的读书声，兰兰机关枪似的背诵声，翠翠一板一眼地朗读声，熙一口不歇地背诵声，小文习作中的勃勃生命感，凯的焦虑、桑眼珠转动间的机灵、岐的纯真、小翔的朴实、小米的可爱、彤的有条有理、小菊的敏感、杏儿的单纯、荣的不甘平庸、百灵的越来越沉静和越来越懂事、蓉的温和、小创的虎虎生气、皮皮微笑时的可爱、小白外表的沉静和内心的活泼、涛背影的高大和心灵的单纯美好、小海心里那股不甘落后的英雄气、顺顺的沉稳如一、苏铁心中的许许多多五彩的梦、米兰的马大哈与敏感的有趣组合、天虎迟到时的无可奈何与每天再晚都要练会儿架子鼓的坚持……这一切，在这个别样的夏日都分外地打动着桃夭老师的心。

此时此刻，哪怕是平日让她头疼的调皮的孩子都让她感到一份格外的亲切。她感受着孩子们的呼吸，心也随着孩子们的一悲一喜波动着。

为了不让课程受到影响，原来办学时学校和当地教育局达成协议，前几年学生不参加期末测评，只在毕业时让他们参加全区统考。

从原来一年级的成绩来看，情况非常不乐观。以小种子教室为例，一年级时，不算三个零分生和从布日都过来的皮皮，班上的平均成绩也就六十三四分的样子。经过这几年的努力，通过我们课程的培养，孩子们能有多大的进步？各方都翘首以待。

家长们很重视，孩子们也很重视，尤其是优秀的孩子，对自己充满着期待。

自从上六年级以来，凯基本上每天早上都是小种子教室起床最早的男生。起来后，先在操场跑几圈，然后快速地进入教室，从语文或者英语开始学习。在他的带动下，男孩子们的速度快了很多。

凯在日记里写道：

> 今天，我过得非常满意，因为对一切我都全力以赴了。今天考数学时，我沉静极了，做完检查了一遍，OK，没检查出一个错来，三十分钟左右拿了100分，正式考试时再努力一下，我一定可以拿100分。因此，我要把重心与努力放在其他方面了，尤其是英语。而现在，我一定要利用比其他人多出的时间来学习，我觉得自己有了一种莫名的冲动，这个礼拜，我要拼五天，外加两天周末，每天腾出两个小时以上，便可以多学十四个小时以上……我的心中的火开始燃烧了，不能再等待了！

而女孩子们，更是齐刷刷地努力，几乎不用桃夭老师督促，每天的生活安排得满满当当。

孩子们一定不会忘记这段如火如荼的日子，桃夭老师也不会忘记。

星期四的期末考很快到来了，孩子们有些紧张地进入考场，在他们还没有反应过来时又很快地结束了。

期末成绩下来了，不太好，尤其是数学。

桃天老师看了一下，语文除了翠翠89.5，荣89外，她估计能上90分的孩子基本上都没出意外，六个人90分以上。三个同学考了六十几分，还有两个七十几分，别的大多都在85分到90分之间。但是小翔的语文和数学都是2分，估计是阅卷老师看他写了个名字给的同情分吧。

孩子们有些沮丧，尤其是凯和宇，耷拉着脑袋，因为考出的成绩远远没有达到他们对自己的期望。

"老师觉得你们很了不起，应该向自己表示祝贺。"

本来准备组织大家进行毕业庆典排练的桃天老师看到孩子们情绪低落就停了下来："老师知道，你们因为这次考试成绩没有预想中的好心中不痛快，甚至有人对自己这几年的生活也产生了怀疑。过去的生活不是不能怀疑、反思，但是要理性地反思。"

"是的，也许我们考得不好，但是你们真的觉得自己这几年没有获得成长吗？那一张试卷能把你们所学的全部东西都反映出来吗？'农历天空下'、儒道课程、《吉檀迦利》、那一个个童话剧，还有吉他，那一本本读的书……这些都是无用的东西吗？一张试卷能考完这些吗……"

可爱的杏儿马上说："我爸爸就说我们学得多。"

"你们看看我们乐队的几个孩子，除了天虎外，涛、江小鱼、翠翠、小文、百灵，哪一个考得不好？"

江小鱼说："我三门都在九十分以上。"

山说："我也是。"

"是有几个孩子考了六七十分，但是对于他们来说，他们也是尽了全力了，我觉得他们也很了不起，只要努力了，做出了百分之百的努力，老师觉得你们就很了不起，想想以前，这是多么大的进步！是的，我觉得对于我们自己来说，这是重大的突破，你们不觉得吗？"

"一次考试能代表一些东西，但代表不了所有的东西，你们一定要知道，最重要的是，我们大家在努力，我们在不断地突破自己。"

桃夭老师知道，孩子们考的这点儿成绩，和城里孩子的成绩是不能比的，用世俗的眼光来看，甚至很糟，许多人对此也有种种看法。但是这又有什么关系呢？她觉得，只要孩子们知道，自己在努力，自己不断地在打破自己的局限，成绩什么的，别人说什么就随他们去说吧。

最后的庆典

考试的阴影暂时被放到一边去了。孩子们投入到毕业庆典的准备中。

由两个班共同演出的毕业大戏《俄瑞斯忒斯》和最后一次小桥晚会，只有八天的准备时间。

平时的童话剧从共读到演出，一般也得一个月左右，而这次从孩子们拿到剧本，到竞选角色，到排练演出，一共只有八天时间，紧张程度可想而知。

每天排练童话剧，复习以前的舞蹈、歌曲等，大家过得忙忙碌碌。

两个班的孩子这几天经常合在一起排练。桃天老师觉得有些奇怪的是，每天去愿望花教室排练时，小海总是最后一个出教室，也许是意识到快要分别了，他最近话很少，但每次排练都和桃天老师坐在一排。"你有没有发现小海每次都和你坐在一起？"陈老师一提醒，桃天老师才发现确实是这样。她想起了前两天小海写的一篇文章，感到一阵心疼：

我最敬佩的人

远在天边近在眼前，我最敬佩的人是我自己。其实我也在想我无德无能，又有什么可敬佩的？

自从有了我弟弟后，我在家庭里的地位就更低了。我对自己说，他这么小，我就要这么一再相让。苍天，我是多么不幸！今年我已经学了道家课程，明白了一些道理，不管生活多么不好，我还是要顺其自然的。

我想起了转头眺望就可以看见的远方的苍松，苍松在那座大山上鼎立着，就如同领袖一般。苍松下面是大山，大山把苍松抚养又把苍松举过头顶。我多么希望父母对待我就如同大山对待苍松啊！

只是，我的处境与苍松相比那真是天差地别，我在家里就犹如空气一样，每次我让弟弟把书包放在小桌子上，他总是放在床上或书本上，每次都是我帮他收拾。就像我欠他钱又欠他人情似的，他三番五次地与我做对。但是在这种情形下，我仍然可以坚持下去，我实在是敬佩我自己，虽然不知天亮在何时。

父母及弟弟都对我不满，我真不知道自己的亲人为什么这样对待我，我只知道自己低人一等，虽是每天不以为然，但心中总是不适。我每天晚上一回家就没有一刻安宁，不是被逼着吃药就是让他们搅得睡不了觉。我敬佩自己虽是低人一等，但仍知道不顾一切地学习，因为只要理想在就可以点燃我的一切。

虽然我在家里的地位低下，但是，我深知只有自己去寻求美好，才能赢得尊严。我深深地敬佩自己可以在这样一个不好的老和我在做对的环境中开始变成一个新的我，佩服自己如此受气竟还能忍受。他们何曾对我如对我弟弟一般？我一天到晚如在看电视一般在看家人宠爱弟弟，一只狗都没有我活得这么贱，如果能像一个顶天立地的男子汉一样活着该多好！我认为家长不应该以看低等人的态度去看待一个孩子，所以，我才会最敬佩我自己的忍耐。

这个孩子，一直都没有从这种严重的弃儿心理中走出来。虽然桃天老师经常对他说，他的父母也很爱他（的确也很爱他，只是教育方法不得当，无形之中给孩子造成了这么深的伤害），虽然他有时也能体会到这种爱，但心中的那个结还是始终没有打开。几年来，他抓着桃天老师这根救命稻草，一点一点慢慢地往上爬，如今，要分别了，别人都在为离别伤悲的时候，他却在为自己在家庭中的地位担忧，这又何尝不是另一种离别之忧呢。以后，他会怎么样呢？

日子在这种紧张而复杂的气氛中往前走。

很快，7月13日到来了。

庆典前一天晚上，桃夭老师把新买的衬衫、T恤发给大家，给女孩子裁好头上、衣服上扎的丝带，教她们怎么扎上去，给男孩子发了领结，让大家试穿衣服。

13日早上，孩子们穿着崭新的白衬衫扎着蓝色的领结或丝带到了教室，像过节一样，似乎没有任何要毕业的伤感。就是一场庆典，这种感觉真好，因为大家说好了，不流泪，不伤心。

庆典九点开始，利用庆典前的空闲时间，桃夭老师对大家说了一句算是告别的话："你们可以先把东西收拾好，下午仪式结束后，大家就带着东西离开吧。"

孩子们很意外："老师，不再在教室里聚一下了？"往年，庆典结束后还会有一个短暂的家长会。

"不了，所以，趁现在老师给你们说几句话吧，算是临别的叮嘱。"教室里安静了下来，此时此刻，一股异样的情绪在教室中荡漾开来。

"这几年，我们一起度过了很多快乐的时光，老师表扬你们，也批评你们，不管怎么样，从这个学校出去以后，你们可能会忘记老师所有的好、所有的不好，但是老师希望你们不要忘记，我们曾经经历过的课程，不要忘记《吉檀迦利》，不要忘记'农历天空下'那些诗歌，不要忘记儒家道家，不忘记我们曾经演过的那些戏剧……老师希望，它们能化成种子，埋藏在你的心中，希望有一天，它们在你们的心中生根、发芽、开花，在你们春风得意时给你们指引，在你们迷茫无助的时候带给你真正的力量……"老师说不下去了，有的孩子眼圈红了……

好在庆典马上就要开始了，大家来不及多想，就在桃夭老师的组织下迅速到童话剧场集合了，今天的仪式就在这个承载了大家许多幸福的地方举行。

毕业庆典分两场。上午是文艺演出和童话剧表演，下午是毕业演讲，最后颁发毕业证。

在阳光温暖的春天
走在这城市的人群中
在不知不觉的一瞬间
又想起你
你是记忆中最美的春天
是我难以再回去的昨天
你像鲜花那样地绽放
让我心动
…………

随着江小鱼清亮的歌声响起，舞台拉开了帷幕，小种子教室的乐队展现在大家的面前。

每个班四个节目，轮流上台表演。穿插着主持人的声音，和往日的小桥歌会似乎没有什么区别，除了是两个班共同表演外。

很快到了最后一个舞蹈《我们的故事》了。这是学期过半时桃天老师让舞蹈张老师教给孩子们的一个舞蹈，是专门为毕业庆典准备的，孩子们平时练习的时候总是嘻嘻哈哈的，但是今天，大家不一样了。

在你左右还要多久
怎么样才能让时间倒流
每一分每一秒都珍重
…………

握紧的手不愿放松

十点半的飞机它在等候

不要再让自己的眼泪流

我必须要走

要记得

我们的故事真难忘

太多的回忆和希望

不管它有多疯狂

我愿意一生收藏

我们的故事不能忘

…………

随着音乐响起，平时听着没有多少感觉的歌词此刻有了别样的意味，电子屏幕上随着音乐播放着孩子们从二年级到六年级的各种对比照，那些照片显示着时光的力量，蕴含着生命的故事。舞台上，杏儿、熙、彤、小菊、百灵几个领舞者和大家一起用舞蹈演绎着昔日快乐的生活——曾经的游戏、曾经的活动、曾经许许多多温馨的故事，但是，一切欢乐都有结束的时候，苏铁和荣出场了，场景换了，刚才的游戏场景换成了告别之景，两边的孩子依依相望，中间是苏铁和荣在演绎离别的忧伤，依依之情弥漫在舞台上……桃夭老师不能再看下去了，她赶紧站起来走到后台去，一个人躲在一边背对着台上的孩子们，直到音乐停止。

上午下半场是童话剧《俄瑞斯忒斯》。

这是一场预料中的精彩，当初桃夭老师和陈老师决定把童话剧放到毕业考后且仅仅只用一周多时间来完成的时候就深信这一点，因为，据她们了解，孩子们现在已经拥有了这个能力。但是桃夭老师还是被孩子们的演出打动了。阿伽门农的悲哀、俄瑞斯忒斯的矛盾、克吕泰涅斯特拉的狠毒都那么鲜活地被孩子们展现出来了。这些孩子真是了不起，短短几天就能进入角色，声情并茂地展现人物的喜怒哀乐！

作为老师，看到孩子们的精彩演出时，桃夭老师不由得感慨。她的眼前是一个个孩子最初的样子，还有他们第一次表演的童话剧《丑小鸭》。

从粗浅到深邃，从形式到本质，仅仅用了八天时间就排出了这台大剧，孩子们感受到自己的成长了吗？

> 碧梧何荫郁，绿满庭宇。
>
> 羽毛犹未丰，飞向何处？
>
> 乘车戴笠，求无愧于生。
>
> 清歌一曲，卓然从容。

如果说上午大家还是在紧张兴奋中度过的话，下午的毕业演讲则有了另一种味道。

两个班的孩子各坐在舞台的一侧，随着这首毕业歌的响起，最后的时刻来临了。

两个班八个孩子轮流讲述离别之际自己的种种感受。

第一个演讲的是翠翠。

就是这个孩子，二年级刚见到时，计算二十以内的加减法还需要数手指头，写字超慢，考试时经常答不完试卷，但是今天她已成为班上最优秀的孩子之一了，她的写作能力已经没有几个人能比了。她的路，在某种程度上也是小种子教室走过的路。

> 大概是四年级的时候吧，写作并不出色的我却有了作家梦。我把一首歌中的歌词改成了："写写写，是我的讯号，追逐梦想，永不放慢步调，筑梦的城堡，努力就会闪耀……"每当我不自信时，我就唱给

自己听，现在我的作文一次次被老师当做范文朗读，我的努力开出了小小的花朵。

班上的同学们也有了各种各样的梦：米兰、百灵、小白、小文、小海也想成为作家；彤、杏儿、岐想成为画家；小菊、荣、熙、兰兰喜欢上了跳舞；涛、江小鱼、岐、天虎喜欢上了音乐；桑、凯、荣对数学着了迷；苏铁想成为书法家；小米、小创、皮皮、小翔、顺顺各个人的梦想也都不一样……光阴让我们每一个人都呈现出了自己的精彩。

而杏儿的发言，可以说是班上后三分之一的孩子们的心声。几年来几乎每个周末，每个假期他们都是在那间小小的教室中和老师一起度过的。由沉睡到苏醒，他们自己都能感受到自己醒来的声音：

以前，我什么都不懂，只会乱发脾气，还爱打人，被懒惰缠绕，一个朋友也没有。当别的小种子正在发芽的时候，我还在土里沉睡。

是我的老师们唤醒了我。我学习底子薄，老师就利用周末和课余时间给我补课，当我的英语取得进步时，乔老师比我笑得还甜。当我软弱退缩时，老师们教我要勇敢、独立。

记得当初在练吉他的时候，我的心中只想着四个字："我不想练""我不想练"，甚至在我被桃天老师留下来练时，哭过、生气过，但当我在老师的帮助与督促下终于练会上台表演的时候，我觉得美好的自己来到了我的面前，我拥有了那本应属于我的翅膀……花开花落，到了这离别的时刻，我要把祝福送给您，我亲爱的老师。

我感谢我的同学们多年来对我的照顾。我脾气不好，当我和你们吵架的时候，你们仿佛没听见一样，等我不生气了你们才真诚地劝我，我知道你们大度，不跟我计较。谢谢你们，在你们身上，我不但收获了友谊，而且知道了一个大度的人应该是怎样的，与你们相伴让我受益无穷。

　　亲爱的学校，感谢你。是你让我成长的途中充满鲜花，在我的心中埋下了一粒粒种子，在你的怀抱中，我品味到了读书的乐趣，我感受到了文质彬彬、君子堂堂的美好……今天，我要把祝福送给你——我的校园，我的童话王国。

小文以前是一个从来不提及自己父母离异的孩子，写自己的父亲的时候也只是表达崇拜，桃夭老师知道，在某种程度上他其实是在逃避。这两年，他开始正视自己内心的声音了，他已经多次在文中写到父母离异对自己造成的伤害了，桃夭老师知道，这意味着他真正地在长大：

　　已经到了最后了，我们马上要离开这所学校了，说实话，此时此刻，我有些想哭。

　　从小，我感觉自己是一个被遗忘的人，我想成为世界的中心，但是事实告诉我，你的笑，你的泪，以及你的爱对这个世界来说可能都不值一文。当我意识到自己什么都不是时，我的世界一片黑暗。

　　可是到了这个学校，进了这个班级，我变了，我觉得自己不再是一个没人关注的孩子了。

　　桃夭老师给了我第一缕阳光，她用父母一样的爱爱着我们。她对我们每一个人都怀着高高的期望。为了博得她的一次表扬，我努力前进，为了成为老师心中期望的那个我，我一次次地奋斗，每实现一个目标，她高兴地表扬我时，我哪怕再累的躯体与心都会再次活跃起来向下一个目标冲去。

　　我以为这样的日子会永远继续，我从来没有想过我会离开这所学校，然而，此时此刻的现实告诉我，分别的时刻到了，我感到一阵恐慌，离开了这所学校，我的心会不会再次沉沦？离开了我的老师，我会不会再次陷入黑暗？

我想到了这个学校中的一切，所有的老师，所有的同学，他们都是那么的好。我想起我学过的所有的课程，我才发现不知不觉中，受到它们的滋养，我的生命已经发生了质的变化。我不再怨天尤人，我不再心胸狭窄。把自己塑造成一个文质彬彬、胸有大志的君子已成为我的目标。

在上学期的颁奖仪式上，桃天老师送给我一句泰戈尔的诗"在群星之中，有一颗星是指导着我的生命通过不可知的黑暗的。"对我来说，这颗指引着我的星星就是阅读和写作。阅读让我不再孤独，写作让我的喜怒哀乐得到了表达，我在写作中构筑起了自己美妙的世界。我有了一颗积极向上的心。

哪怕以后走得再远，我相信自己都不会让老师的期望落空，我也不会让自己对自己的期望落空。因为我知道了，我的生命是个奇迹。

其实，让桃天老师感触最深的还是凯在文中表达出来的东西。没有及早觉醒，没有怀着一颗开放的心去拥抱一切美好的事物，没有早早地珍惜每一次机会，这可能是他最沉痛的教训了，桃天老师不知道当孩子们离开这所学校后，会不会有许多人都会有凯的这种感受：

在这所学校度过的日子真是幸福。学校中丰富多彩的课程，让我的身心都得到了很大的发展。现在回想起来，觉得这一切都是那么美好。但可惜的是，当我真正地意识到这些东西的美好的时候，已经六年级了。那些我一直不太重视的吉他、乒乓球等，当我拼命地想要练好的时候，却没有练习的时间了。于是，本该在这些方面和文化课一样优秀的我却因为没有提前觉醒而只能达到一个一般般的水平了，现在想来真是遗憾。

　　但是在这儿我充分利用了阅读的美好时光。我有许多个性上的缺点，譬如顽皮、马虎、多嘴。但是读了一本又一本的书后，我认识了一位又一位伟大的人物，明白了什么样的我才是我应该成为的自己。阅读，让我多了一双看世界、也审视自己的眼睛。我不断地认识自己，克服自己的弱点，变得越来越勤奋、坚强、大方了。但在阅读方面我也感到遗憾。听说五年级的同学正在读《三国志》之类的书籍，我多么想和他们一起再读读这些经典哪，可惜不可能了……

时间在淡淡的惜别氛围中流逝，孩子们的发言很快地结束了。

"从一楼到二楼的距离只有六年……"这首根据《北京东路的日子》改编的《小学的日子》唱起来了，电子屏上显示着孩子们从二年级到六年级的种种生活场景，场上的氛围有些异样了。桃夭老师不敢让自己去看那些图片，她在尽力让自己平静下来，因为作为班主任，下面她也要发言。

　　时间过得真快，转眼间就到了毕业的时候，想起孩子们二年级时的样子，似乎一切还近在眼前……

她刚一开口，就听到了一片啜泣声，回头一看，孩子们几乎都在抹眼泪了，本来说好不流泪的她不由得声音也哽咽了起来：

　　2010 年 8 月 14 日，正在参加高三老师培训的我因为团队的原因突然就来到了内蒙古。

　　那时候，虽然我已从教二十年了，但几乎从未当过班主任，我甚至一直认为自己做不了班主任，我这人很自律，但不愿意去律人。所以在这里做班主任，我感觉又回到了刚参加工作时的日子，战战就兢，如履薄冰。不能忘记第一次站在这所学校的操场喊口号的时候，我鼓了多大的勇气。虽然这只是微不足道的小事，但对我来说就是一次艰难的突破，更多的事情所需要的勇气可想而知。是孩子们让我拥有了这份勇气。

这几年，我和孩子们一起穿越了许多课程，希腊神话、《西游记》、农历天空下、儒道课程、《吉檀迦利》……是你们，让我更深刻地体味了这些课程的美妙。让孩子们在课程中体味何为自由的同时，我也在反思自己的生命是不是自由的；让孩子们在课程中思考自己人生价值的同时，我也在思考我的人生价值应在何处……是你们，让我对自己的生命、对自由有了更深切的认识。谢谢你们，亲爱的孩子们！
…………

是呀，这是桃夭老师最深切的体会，每一个孩子都是天使，来考验她，来引领她，来让她体会生命的最高意义。与其说是她带着孩子们穿越这些课程，不如说是孩子们带着她穿越这些课程，让她对自身、对生命都有了更深刻的认识。以前有些词语是熟悉的，但现在那些词语是活生生的，是和生命相关联的。

不能否认，这几年我也深切地体会到了教育的艰难，体会到了作为一个老师的幸福与伤痛。体会到了作为一个老师肩上沉甸甸的责任，尤其是在家庭教育缺失的情况下，学校教育更是一个孩子能否改变命运的关键。是你们，让我对我的职业意义有了更深切的认识。

所以，感谢你们，亲爱的孩子们！在这一场艰辛而又幸福的旅程中，你们带给我丰厚的收获。

说到这一段的时候，桃夭老师心情是沉重的，有些东西她不能表达出来。以前的她多么浪漫哪，总认为以己之力可以改变很多东西，而现在，她才发现自己的力量是那么的微小，在一片荒漠之中，一滴水又有多大作用呢？她没有教好小翔，她不能保证顺顺、苏铁、皮皮、小创、杏儿等孩子将来一定能过上有尊严的生活，她甚至不能肯定百灵、小菊等优秀的孩子将来一定能自强不息，开出她们的生命之花……

　　有幸能陪你们走过这一程，我不能说我做得很好，我只能说我曾尽力把我所能带给你们的给了你们。你们还小，你们的故事才刚刚开始书写，你们是像孙悟空一样一路降妖除魔到达灵山呢，还是被萨义德带到旧皇帝城，这都取决于你们自己……
　　我愿意相信你们无限的可能性，愿意相信你们能体会到学习、责任、勇气、自由对生命的意义；我愿意相信在以后的日子里，不论是你们，还是老师，我们都会越走越好；不管是种子还是愿望，最后都会开出花来。

　　学习、责任、勇气、自由这些沉甸甸的词语，孩子们会记住吗？孩子们会理解吗？桃夭老师不知道，或许这只是她的希望而已。
　　一向不流泪的翠翠哭了，一向没有意识到毕业的江小鱼哭得抬不起头了，凯用双手捂住了泪流满面的脸……
　　台下许多观摩的外地老师哭了，家长也哭了……
　　桃夭老师有些惭愧。
　　好在下面发言的陈老师比较理性，这种场面被她收住了。

　　我要送些东西给你，我的孩子，因为我们同是漂泊在世界的溪流中的。
　　我们的生命将被分开，我们的爱也将被忘记。
　　但我却没有那样傻，希望能用我的赠品来买你的心。

你的生命正是青春，你的道路也长着呢，你一口气饮尽了我们带给你的爱，便回身离开我们跑了。

你有你的游戏，有你的游伴。如果你没有时间同我们在一起，如果你想不到我们，那有什么害处呢？

我们呢，自然地，在老年时，会有许多闲暇的时间，去计算那过去的日子，把我们手里永久丢失了的东西，在心里爱抚着。

河流唱着歌很快地流去，冲破所有的堤防。但是山峰却留在那里，忆念着，满怀依依之情。

干校长的致词，用这首泰戈尔的《赠品》开始，桃夭老师以前带孩子们读过这首诗，此时此刻，这首诗，表达的正是所有老师的心情。

干校长话锋一转，说："刚才桃夭老师说，你们不要忘记我们的课程，而我要说，你们一定会忘记，甚至会堕落下去，和芸芸众生没有区别，会接受生活的风吹雨打，会丧失梦想，但是也有一些人，在千回百折之后，重大挫折之后，也许，会突然想起曾经在这个学校接受的一切，心底种下的种子会被唤醒，会突然滋生出一种力量，重新走向追寻梦想的道路……"干老师说得有些残酷，但谁都知道这是事实，堕落的总是大多数。但是，只要还有一些种子会被唤醒，只要还有一种力量会滋生，只要还有一些身影会走向追寻梦想的路……

在校歌中，孩子们一个一个排着队在校长跟前领毕业证了，轮到小翔的时候，校长在他的肩上拍了几下，这几年，干校长也没少在小翔身上费心思，而此刻，他一拍之间的祝福，不知小翔是不是理解。

孩子们深深地弯腰鞠躬，郑重地接过毕业证书，空气中流淌着叮嘱，流淌着不舍，流淌着千言万语难以表达的深情。

结束了，一段旅程结束了，当两个班的孩子用吉他、用歌声把悲伤欢乐地撒向空中的时候，时间在那一刻，定格了……

你是记忆中最美的春天，
是我难以再回去的昨天，
你像鲜花那样地绽放，
让我心动……

那
些
花
儿

　　那片笑声让我想起我的那些花儿
　　在我生命每个角落静静为我开着
　　我曾以为我会永远守在他身旁
　　今天我们已经离去在人海茫茫
　　他们都开了吧
　　他们在哪里呀
　　我们就这样各自奔天涯
　　啦……想她
　　啦…她还在开吗
　　啦……去呀
　　她们已经被风吹走散落在天涯
　　…………

　　毕业典礼结束后，家长和孩子们还是又回到了教室，都期望着老师再讲点儿什么，但桃夭老师只是点点头，告诉他们，你们可以收拾好东西，和父母一起离开了。

这些朴实的孩子和家长除了跟老师说一声再见，似乎不知道应该再说些什么，许多孩子在老师的办公桌前磨蹭了一会儿，终于不得不收拾东西走了。

几个家长过来说要请老师去吃饭，也被老师拒绝了。大家一个接一个地离开了。

不久，教室中就只剩下桃天老师、小菊和江小鱼三个人了。

小菊因为有一些支助账目还没有清，所以要多留一会儿。这个当初头发又干又乱、眼神朦胧的女孩子，此刻，作为第一女主角刚演完《俄瑞斯忒斯》，妆已被泪水冲花了，她红着眼睛说了一句："老师，我走了……"，桃天老师什么都没有说，也没有看小菊的脸，直到小菊转过身去，桃天老师才抬起头，透过眼中的泪水看着她低着头抽泣着慢慢地走出了教室。

不知她会不会记得，以前那个朦朦胧胧的自己。

不知她会不会记得，从二年级的朦朦胧胧，到四年级演女娲时的奇迹变化，到这次的毕业大戏的第一女主角，她是怎样一点一点地拔节生长？

不知她会不会记得，那次她在国旗下演讲中说的那些话：

> 这所学校带给了我很多，不只是别的学校没有的童话剧，不只是一周一次的小桥歌会，不只是吉他、舞蹈，更是梦想与希望，它让我知道我是谁，让我看到我人生的可能性，它让我知道，作为一个人，应该怎样在天地间有尊严地站立。
>
> 可是，时光匆匆，过了这个冬天之后，在来年的夏日，我们就要离开我们热爱的这所学校，离开这些爱我的和我爱的人们。我知道，我不能改变什么，我唯一能做的就是珍惜我在这儿度过的最后一段时光，让它的每一天都像一首诗，都成一幅美妙的作品，我知道，我唯有在自己的人生中努力地开出一朵花来，才能不愧对我是小种子教室的孩子，我也才能不愧对自己的生命。

不知道她会不会记得桃夭老师多次对她说的"要自强自立，真正地让自己强大、真正地让自己站起来"这句话？

江小鱼像以往许多次放假前一样在教室里转来转去，但终于什么也没有说。不得不离开了，他小声地说了一声"老师，再见！"，背着书包走出了教室……亲爱的小男孩，大眼睛闪闪发光的小男孩，从此之后，老师不能再面对面地听到你的歌声了，你以后还会记得那许多个假日，在教室中，你独自弹唱、老师坐在角落里听着你的歌声的时光吗？你还会记得那些周末，你在老师家中看书，老师为你做饭的情景吗？你还会记得你对自己的期许，老师对你的期望吗？你能从这苍茫的沙漠中走出来，成为老师送给你的生日故事中的小黑鱼吗？你能把握自己人生的航向、自己的命运吗？

…………

教室中终于只剩下桃夭老师一个人了……

在这间曾经荡漾过欢乐和眼泪的教室里，窗台上桃夭老师从老家带过来的长寿花、散尾葵似乎还在期待着孩子们匆匆进入教室的身影；桃夭老师和孩子们一起种植的蓝雪花、长春花、韭叶兰、吊兰、牵牛花、凌霄花、朱顶红、天竺葵、三角梅、文竹似乎还在期待着听到孩子们欢声笑语的嬉闹；教室后面那以"含英咀华，如苗之壮"为标题的作品栏中孩子们的文字还生动活泼地在那儿叽叽喳喳；左面的墙上挂着孩子们演过的童话剧剧照——《丑小鸭》《木偶奇遇记》《绿野仙踪》《中国创世神话》《普罗米修斯》《哈姆莱特》《李尔王》《安提戈涅》，这些老师和孩子们一起用心演绎过的童话剧，以后不会再有了；教室右面墙上的梅兰竹菊的条幅还隐含着老师对孩子们满满的期望，如今那期望已经被孩子们带走了；在前面桃夭老师办公桌旁边的墙上挂着的大家日常衡量自己行为的"道德发展六境界""马斯洛需要层次理论"，还在那儿沉默地看着教室的每一个角落……但是，教室中没有了孩子的欢闹，有的只是那一张张静悄悄的课桌，它们仿佛还在等待着什么……

再见了，用生命走过的五年……

再见了，小种子教室……

再见了，小种子们……

她们会忘记当初相见时老师送给他们的那句"小种子知道，在它的身体里面藏着一朵花"吗？他们会忘记开一朵花的梦想吗？

一切仿佛都没有发生过似的，每一个人当初从哪里来，似乎又要回到哪里去了，那些飘扬的小种子们，又飞散到沙漠的每一个角落了吧，故事似乎又回到了当初：

秋天来了，大风吹来，把花种子们高高地扬起来，带到远方……

图书在版编目（CIP）数据

种下一间教室／桃夭著.—北京：中国人民大学出
版社，2017.12
ISBN 978 - 7 - 300 - 25160 - 8

Ⅰ. ① 种 …   Ⅱ. ① 桃…   Ⅲ. ① 童话剧—教学研究—小学
Ⅳ. ① G623.712

中国版本图书馆CIP数据核字（2017）第287822号

种下一间教室

桃夭 著

Zhong Xia Yi Jian Jiaoshi

出版发行	中国人民大学出版社			
社　　址	北京中关村大街31号		**邮政编码**　100080	
电　　话	010 - 62511242（总编室）		010 - 62511770（质管部）	
	010 - 82501766（邮购部）		010 - 62514148（门市部）	
	010 - 62515195（发行公司）		010 - 62515275（盗版举报）	
网　　址	http://www.crup.com.cn			
经　　销	新华书店			
印　　刷	北京华宇信诺印刷有限公司			
开　　本	168 mm × 239 mm　16开本		**版　　次**　2017 年 12 月第 1 版	
印　　张	17.25　插页1		**印　　次**　2023 年 4 月第 3 次印刷	
字　　数	240 000		**定　　价**　58.00 元	